Copyright © Ana Fontes, 2022
Todos os direitos reservados à Editora Jandaíra, uma marca da Pólen Produção Editorial Ltda., e protegidos pela Lei 9.610, de 19.2.1998. É proibida a reprodução total ou parcial sem a expressa anuência da editora.

Este livro foi revisado segundo o Novo Acordo Ortográfico da Língua Portuguesa.

DIREÇÃO EDITORIAL: Lizandra Magon de Almeida
ASSISTÊNCIA EDITORIAL: Maria Ferreira
PREPARAÇÃO DE TEXTO: Equipe Jandaíra
REVISÃO: Lígia Alves
PROJETO GRÁFICO E DIAGRAMAÇÃO: Adriana Campos
ILUSTRAÇÕES: Bruna Bandeira
PESQUISA E EDIÇÃO DE CONTEÚDO: Iracy Paulina

Maria Helena Ferreira Xavier da Silva/ Bibliotecária – CRB-7/5688

Fontes, Ana
    Negócios : um assunto de mulheres : a força transformadora do empreendedorismo feminino / Ana Fontes. – São Paulo : Jandaíra, 2022.
    208 p. ; 21 cm.

    ISBN 978-65-87113-80-7

    1. Empreendedorismo. 2. Mulheres de negócios. 3. Mulheres -
- Gestão de negócios. 4. Trabalhadoras autônomas. 5. Mulheres -
- Aspectos sociais. I. Título.

F683n   CDD 658.0082

jandaíra

Rua Vergueiro, 2087 · cj 306 · 04101 000 · São Paulo · SP
editorajandaira.com.br
❋ⓞ▶ | editorajandaira

NEGÓCIOS: UM ASSUNTO DE MULHERES

a força transformadora do
empreendedorismo feminino

ANA FONTES

jbiz.

Agradeço minha família, meus pais, meus irmãos, meu marido, minhas filhas e agradeço todo time da RME e IRME, que não mede esforços para a causa. Agradeço especialmente a todas as mulheres que caminham comigo nesta jornada. Eu sou porque nós somos.

SUMÁRIO

JUNTAS, SOMOS MAIS FORTES, POR LUIZA HELENA TRAJANO ... 06

TEMPO DE COMPARTILHAR ... 08

O MUNDO DO EMPREENDEDORISMO FEMININO
1. O lado feminino da força empreendedora ... 18
2. Os negócios que mais atraem as mulheres ... 40

A MULHER QUE EMPREENDE
3. O melhor negócio é empreender por oportunidade ... 54
4. Sócios na família e nos negócios ... 70
5. Quando nasce um bebê, nasce uma mãe – e uma empreendedora ... 82
6. Estamos sem tempo ou sobrecarregadas? ... 96

COMO JUNTAR COM SUCESSO ESSES DOIS MUNDOS
7. Sob nova direção: o estilo da mulher no comando ... 114
8. Acredite, cuidar do dinheiro não é bicho de sete cabeças ... 128
9. Laços que fortalecem seu negócio ... 142
10. Não cairás na tentação das fórmulas mágicas ... 156
11. Atitude empreendedora na vida e nos negócios ... 166
12. Somar, a missão da RME e do Instituto RME ... 184

CONCLUSÃO – JÁ AVANÇAMOS MUITO – E QUEREMOS MAIS ... 196

REFERENCIAIS BIBLIOGRÁFICOS ... 202

JUNTAS, SOMOS MAIS FORTES

Se existe uma mulher que percebeu a essência da frase-título deste prefácio é a Ana Fontes. Sua história de vida, a sétima filha de um casal que migrou de Alagoas para São Paulo quando ela era muito pequena, e as dificuldades impostas a tornaram uma empreendedora social, que aprendeu que a união traz a força.

As empreendedoras brasileiras, mesmo quando por necessidade familiar, são criativas e incansáveis e necessitam de muita ajuda e troca de informações. Nessa área, a Rede Mulher Empreendedora e o Instituto RME realizam com grande generosidade o compartilhamento de conhecimento.

Este livro tem um importante papel nessa trajetória, pois apresenta, de maneira didática, sua rica análise sobre o empreendedorismo feminino no Brasil e no mundo, com perfis dessas mulheres, os tipos de negócios e características que as atraem, e até mesmo as chances de sucesso.

Também são analisados todos os fatores de risco e a preocupação do universo feminino que bem conhecemos, como maternidade, jornadas duplas e até mesmo triplas, oposição do cônjuge ou da sociedade, fatores que influenciam diretamente o emocional e o rendimento das mulheres.

A liderança feminina nunca esteve tão alinhada com as novas exigências da sociedade e dos consumidores, e as empreendedoras precisam estudar profundamente os temas abordados neste livro, como seu estilo de liderança, gestão financeira, entre outros, para garantir que seus negócios possam prosperar. Outra lição preciosa, e de grande prática da Ana, é a importância da construção de redes de apoio.

A Ana acredita fortemente que existem diversas ações que podem incentivar o empreendedorismo feminino e que dependem de políticas públicas, e atuamos juntas nessa luta no Grupo Mulheres do Brasil.

Por tudo isso, a leitura deste livro é de grande importância para essas mulheres empreendedoras que precisam avançar cada vez mais, quebrando paradigmas no mundo dos negócios e do empreendedorismo.

Boa leitura!

Luiza Helena Trajano

Presidente do Conselho de Administração
do Magazine Luiza e do Grupo Mulheres do Brasil

TEMPO DE COMPARTILHAR

Desde que criei a Rede Mulher Empreendedora (RME), em 2010, recebo a cobrança: "Quando você vai escrever um livro? Com tudo que vocês fazem na Rede, daria para escrever vários livros!". Eu sempre relutei. Não gostaria de escrever um livro só para ter um para mostrar quando me cobrassem, nunca fui movida pela vaidade, e havia tanto para fazer na prática! Mas agora chegou o momento de compartilhar.

Nesta mais de uma década de atuação, a Rede reuniu um acervo riquíssimo de informações resultantes de debates, pesquisas e todo tipo de troca de experiências com mulheres empreendedoras dos mais diferentes perfis e de todo o país. Pouco a pouco, fomos nos tornando fontes para estudantes, pesquisadores, núcleos de fomento ao empreendedorismo. Pessoalmente, fui descobrindo novas e potentes nuances do empreendedorismo feminino e constatei na prática a força que uma rede de apoio fornece a mulheres que decidem trilhar o caminho do empreendedorismo. Some-se a isso a escassez de publicações de qualidade sobre o tema, e eis que nasceu a decisão de finalmente reunir em um livro todo esse conhecimento, informação e experiência.

Mas não só isso. Também espero mostrar toda a relevância do empreendedorismo feminino para a economia brasileira, dar visibilidade às histórias dessas mulheres que transformam suas vidas e as das comunidades à sua volta. Descobrir-se como empreendedora é algo que muitas vezes não acontece de um momento para o outro. O meu caminho, por exemplo, foi longo, mas repleto de ensinamentos que tenho a felicidade de poder compartilhar como empreendedora social, fundadora da RME e do Instituto RME. Falar um pouco de mim e desse caminho é um primeiro movimento para levar adiante esses ensinamentos.

Meus sonhos profissionais de juventude eram os que impulsionam a imensa maioria das mulheres nascidas em famílias de pouca renda e muita fé no poder do estudo: me dedicar, conseguir um emprego em uma grande empresa, ter a carteira assinada, benefícios, uma carreira sólida. Em Igreja Nova, no estado de Alagoas, onde nasci, esse era o maior sonho que os pais tinham para seus filhos. Meu pai, um pescador, e minha mãe, que dividia o tempo com a agricultura e os cuidados com os filhos, também queriam isso para mim e meus irmãos. Diante de uma seca avassaladora, em 1970, decidiram começar a transformar esse sonho em realidade migrando para o sul do país junto com oito dos dez filhos (dois morreram ainda pequenos).

Assim, com 4 anos de idade, eu passei a viver em Diadema, em São Paulo, com meu pai trabalhando como torneiro mecânico e minha mãe como costureira. Todos precisavam trabalhar e ajudar para termos renda, e eu comecei a fazer faxina e cuidar de crianças com 11 anos. Mas ninguém podia largar a escola, porque meus pais acreditavam de fato na educação como a única opção possível de transformação.

Dos oito filhos, cinco concluíram os estudos em uma faculdade. Para pagar as mensalidades da graduação em Publicidade vendi muita fatia de bolo e torta. Mas que satisfação quando consegui com meu diploma uma vaga em uma grande empresa do setor automobilístico! Hoje, quando repasso aquele período de minha vida, vejo claramente os momentos de frustração que vieram em seguida.

Nas ocasiões em que tentei uma promoção, costumavam me lembrar de que eu não tinha o que chamo de "kit perfeito" para a vaga: o estudo em um bom colégio particular, em uma faculdade de ponta, o domínio do inglês. A educação em escola pública eu não podia mudar, mas fiz pós-graduação em uma universidade de primeira linha e curso de inglês. Mesmo com todas as dificuldades, construí uma carreira, conquistei promoções, enfrentando todas as discriminações possíveis e imagináveis. Inclusive por ser mulher. Lembro sempre de um momento emblemático, quando concorri a uma vaga e, na entrevista com o diretor, ouvi que eu tinha o currículo, o histórico na empresa e o desempenho ideais para o cargo, mas que ele queria alguém forte, que brigasse com os funcionários, um homem bravo, e não eu, com cara de boazinha. Aceitei na época e até me senti culpada por não ter tal perfil.

Isso tudo plantou uma sementinha dentro de mim. Então, em 2007, minha primeira filha já com 5 anos, essa rotina de discriminação, a rigidez das corporações, a dinâmica de sacrifício da vida pessoal, a falta de flexibilidade, tudo isso começou a me incomodar. Não me sentia mais feliz em estar naquele ambiente. Pedi demissão.

No ano seguinte criei, em sociedade com um amigo, a plataforma ElogieAki. Era o meu primeiro negócio, em um tempo em que nem se falava em empreender. Cometi todos os erros possíveis e imagináveis. Mas, errando, me identifiquei com várias mulheres que sentiam a mesma motivação que eu para ter seu negócio, mas não sabiam qual seria a fórmula para isso dar certo. Mulheres que queriam encontrar alguma coisa que gostassem de fazer, que tinham um propósito e que, ao mesmo tempo, queriam ter uma vida pessoal equilibrada, estar com a família, amigos e, principalmente, não depender de fatores aleatórios para progredir profissionalmente.

Então, descobri meu propósito: apoiar e fortalecer mulheres empreendedoras. É isso que amo fazer. Passei por muitas dificuldades, fui acolhida, apoiada, e quero oferecer esse mesmo incentivo a outras mulheres que estão começando a trilhar esse caminho. Fazemos isso com a Rede Mulher Empreendedora (RME), que foi meu segundo empreendimento e deslanchou.

Diante das dificuldades para fazer o ElogieAki dar certo, fui atrás de conhecimento, me inscrevendo em um programa de formação de empreendedoras, uma iniciativa global da Fundação Goldman Sachs oferecida em parceria com a Fundação Getulio Vargas (FGV) no Brasil. Era a oportunidade para 35 brasileiras empreendedoras ganharem um curso de administração e gestão de negócios. Entre mais de mil candidatas, e depois de cinco etapas de seleção, fui uma das contempladas.

O embrião da RME nasceu ali. Comecei a pensar em negócios alternativos. Fiquei interessada em escritórios de coworking, uma ideia que já começava a aparecer como tendência. Também li sobre uma onda que estava fazendo sucesso nos Estados Unidos, o movimento "mompreneurs", composto por mães empreendedoras que criavam sites para compartilhar suas experiências. Pensei em juntar as duas coisas e, um dia, no meio de uma aula, rabisquei no papel: rede mulher empreendedora.

A semente germinou. A RME é hoje a maior plataforma de apoio ao empreendedorismo feminino da América Latina, com quase 1 milhão de participantes. E esse apoio acontece de várias formas. Com capacitação, acompanhamento do negócio com mentoria, ajuda para acesso ao mercado e a crédito. Em 2017, criamos o Instituto RME, hoje com parceiros fundamentais (grandes empresas, fundações e instituições) para desenvolver projetos de geração de renda para mulheres em situação de vulnerabilidade social. Projetos para essas mulheres alcançarem a autonomia financeira por meio de seus negócios próprios, e assim serem donas de sua história (*vou falar mais sobre a RME e o Instituto RME no capítulo 12*).

Todas essas experiências alimentam este livro que finalmente nasce, feito especialmente para a mulher que está pensando em abrir o próprio negócio ou que dá os primeiros passos nessa direção. Mas também para aquelas que já estão estabelecidas – afinal, sempre há algo novo a aprender – e para todos que querem conhecer um pouco mais sobre esse potente universo de mulheres batalhadoras.

Você verá que o conteúdo está dividido em três partes. A primeira traça um panorama do empreendedorismo feminino no Brasil e no mundo, com muitos dados importantes, inclusive relacionado aos perfis das mulheres que empreendem e aos tipos de negócios que mais as atraem, que são aqueles da chamada área de conforto (comida, moda, beleza). Mas você conhecerá também os negócios analgésicos, aqueles que resolvem a dor do cliente e que têm maiores chances de sucesso.

A segunda parte do livro reúne os capítulos com enfoque no universo da mulher que empreende. Uma parcela significativa, por exemplo, tem o marido como sócio. Como equilibrar essa relação delicada? Maternidade e empreendedorismo é outro assunto importante, uma vez que ser mãe é um dos principais gatilhos para empreender. A eterna questão do tempo e dos afazeres femininos, uma equação difícil de fechar, ainda mais quando se tem um negócio próprio, também merece um exame mais atento.

A terceira parte do livro reúne capítulos que falam sobre como ser bem-sucedida em juntar os dois universos – do empreendedorismo e da mulher. Um é dedicado ao estilo de liderança feminino e a como tirar partido dele na gestão dos negócios. Outro explica direitinho que a gestão financeira do negócio não é um bicho de sete cabeças e que a mulher pode e deve sim dar atenção para essa área. Tem o que mostra a importância de a empreendedora contar com laços e redes de apoio para fortalecer o seu negócio e o que alerta para os riscos de cair em fórmulas mágicas que prometem sucesso e como identificá-las. E ainda aquele que elenca as principais atitudes empreendedoras que devem ser cultivadas para prosperar nos negócios.

Para concluir, aponto alguns caminhos e políticas públicas que ainda precisam avançar para que o universo do empreendedorismo feminino se fortaleça muito mais. E que potencialize o trabalho que nós já fazemos, umas apoiando as outras, com iniciativas como a deste livro.

— PÁGINA 15

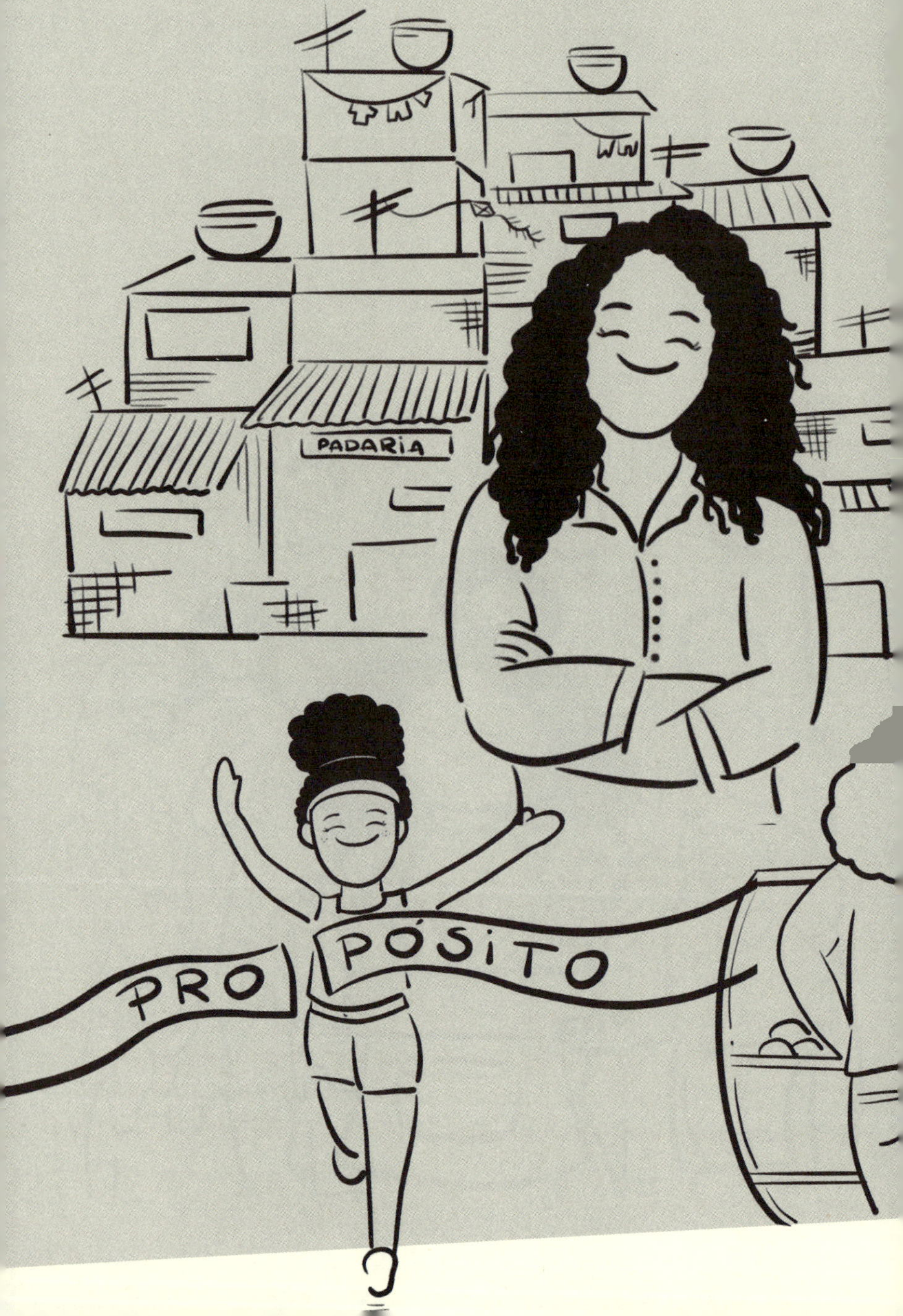
PADARIA
PRO
PÓSITO

O MUNDO DO EMPREENDEDORISMO FEMININO

1. O LADO FEMININO DA FORÇA EMPREENDEDORA

Sim, o poder está com elas! Ou melhor, conosco! Porque eu entrei nesse barco faz algum tempo, outras mulheres fizeram o mesmo, e você que está lendo este livro, se ainda não embarcou, está querendo embarcar, certo? Pois saiba que já somos muitas, e com nossos negócios contribuímos para movimentar a economia de nosso país e do mundo. Pode parecer que uma mulher com o seu pequeno negócio de bolos caseiros interfere zero na economia de um país, mas, acredite: sim, ela conta. Sabe aquela história de que uma andorinha só não faz verão? Pois imagine quantas mulheres estão neste momento gerando renda para ela e para toda a sua comunidade por meio de negócios próprios de todos os tamanhos e perfis. É o empreendedorismo feminino transformando o mundo, e ele é mais presente a cada dia.

Os números mostram essa força. Tanto que o maior programa mundial de acompanhamento do empreendedorismo, o *Global Entrepreneurship Monitor* (GEM), passou a monitorar o empreendedorismo feminino e a publicar relatórios especificamente sobre o tema. No mais recente, referente a 2018/2019 e incluindo dados de 59 países, a taxa de empreendedorismo inicial mostrou que 10% da população feminina adulta (com mais de 18 anos) liderava negócios próprios com até 3,5 anos de existência. Note que essa taxa se aproxima do empreendedorismo masculino inicial, que era de 13,9% no mesmo período. Já a taxa de empreendimentos estabelecidos (negócios com mais de 3,5 anos) ficou em 6,2% para as mulheres e em 9,5% para os homens. No total, 16% das mulheres nas 59 economias pesquisadas estavam à frente de um negócio.

No Brasil, o empreendedorismo avança a olhos vistos. A versão brasileira desse mesmo monitoramento do GEM de 2019, realizado em parceria com o Serviço Brasileiro de Apoio às Micro e Pequenas Empresas (Sebrae), constatou que a taxa masculina de empreendedorismo inicial era de 23,5% e a feminina, de 23,1%. Mas na taxa de negócios estabelecidos havia uma diferença relevante: era de 18,4% para os homens e de 13,9% para as mulheres. O próprio relatório apresenta dois motivos para isso. Primeiramente, as mulheres ingressaram nesse universo há bem menos tempo que os homens, e por isso eles entram na comparação com um "estoque" maior. Além disso, diante de uma série de obstáculos financeiros e até comportamentais, que ainda insistem em perturbar o andamento de um negócio liderado por uma mulher, uma parte delas desiste da empreitada logo nos primeiros anos. Apesar dessa diferença, somados os iniciais e os estabelecidos, o total de empreendedores dos dois sexos ficava próximo: 25,8 milhões de mulheres e 28,7 milhões de homens.

Na pesquisa GEM Brasil de 2020, com os efeitos da pandemia de covid-19, esse cenário exibiu mudanças. Para começar, houve um recuo significativo de 53 milhões para 44 milhões de indivíduos à frente de algum tipo de negócio, o que a pesquisa credita aos efeitos da pandemia na economia. Esses reflexos atingiram particularmente as mulheres, com alterações marcantes nos três estágios de negócios avaliados pelo GEM. Por um lado, a taxa de empreendedoras nascentes (com três meses) teve um crescimento de 49%, talvez impulsionada por mulheres que perderam o emprego ou outra fonte de renda na pandemia e precisaram correr atrás de uma alternativa. Já os outros dois estágios sinalizaram uma queda acentuada: a taxa de empreendimentos novos (com até 3,5 anos) caiu 37%, e a dos estabelecidos (com mais de 3,5 anos) teve redução de 62%. Com isso, de acordo com o estudo, houve uma mudança estrutural, marcada pela entrada no universo empreendedor de mulheres menos preparadas (com menor escolaridade) nos estágios iniciais e pela saída das mais experientes (com maior escolaridade) nos estágios avançados.

> PODE PARECER QUE UMA MULHER COM O SEU PEQUENO NEGÓCIO DE BOLOS CASEIROS INTERFERE ZERO NA ECONOMIA DE UM PAÍS, MAS, ACREDITE: SIM, ELA CONTA.

DIFERENÇAS QUE CONTAM

No dicionário, o termo "empreendedor" indica a pessoa com capacidade de idealizar projetos, negócios ou atividades que exigem muito trabalho e esforço, assumindo os riscos dessa ação. Ora, podemos dizer que desde que nós, humanos, saímos das cavernas estamos empreendendo. Do contrário, não teríamos chegado aonde estamos hoje.

Mas no sentido de alguém que se dedica a uma empresa, a um negócio inovador, o termo começou a ser empregado na era industrial. Quem primeiramente usou essa palavra associada à inovação e à capacidade de gerar desenvolvimento econômico foi o economista e cientista político austríaco Joseph Schumpeter (1883-1950). Ele entendia a inovação não apenas como a criação de algo absolutamente novo, mas também como mudanças no que já existia e que acabavam gerando impacto econômico. A esse movimento inovador ele chamou de "ato empreendedor".

Culturalmente, como sabemos, o ato de empreender prosperou como uma atividade masculina, como bem observaram as professoras Barbara Orser e Catherine Elliot, da faculdade de administração da Universidade de Ottawa, em um curioso artigo que escreveram juntas. Visto como um esforço ou processo individual, o empreendedorismo era relacionado à imagem de homens racionais e heroicos movidos pela vontade de conquistar. Barbara e Catherine explicam que raramente se associavam à atividade empreendedora qualidades mais relacionadas às mulheres, como cooperação e gentileza. Elas lembram que os primeiros estudos sobre liderança empreendedora analisavam amostras exclusivamente masculinas ou dominadas por homens. Simplesmente não se estudava o jeito feminino de empreender.

Isso faz toda a diferença. Porque empreender do jeito feminino tem características próprias, particulares, diferentes do empreender masculino. Inúmeras vezes ouvi muita gente dizer que não fazia sentido apoiar mulheres, pois empreender era igual para qualquer um, não importava o gênero. E, nesses anos todos que estamos na estrada, comprovamos que, definitivamente, não é a mesma coisa. Constatei isso na prática, no contato diário com as muitas mulheres que passam pela Rede Mulher Empreendedora (RME). E também por pesquisas aprofundadas feitas tanto pela Rede quanto pelo Instituto RME (IRME).

E POR QUE NÃO É IGUAL? HÁ VÁRIOS FATORES

Antes de tudo, nossas motivações para empreender são diferentes das dos homens. Para as mulheres, o propósito vem antes de qualquer motivação financeira. Ao criar um negócio, olhamos também para o impacto que geramos em nosso entorno, na nossa família, na educação dos nossos filhos e no círculo positivo apoiando outras mulheres. Quando uma mulher gera renda financeira, todo esse entorno é, de alguma forma, beneficiado. Além disso, a maternidade é um grande gatilho. Costumamos dizer na RME que, quando nasce uma criança, nasce uma mãe, e nasce uma empreendedora.

> EMPREENDER DO JEITO FEMININO TEM CARACTERÍSTICAS PRÓPRIAS, PARTICULARES, DIFERENTES DO EMPREENDER MASCULINO.

Assim como as motivações são diferentes, os desafios também são maiores para as

O APRENDIZADO É CONSTANTE

mulheres empreendedoras: temos que lidar com dificuldades de acesso ao capital, a busca constante de equilíbrio entre cuidados com a família e com os negócios, a necessidade de programas de capacitação, aceleração e conexão com o mercado, entre muitas outras coisas.

Diversas pesquisas destacam as particularidades do empreendedorismo feminino. É esse o entendimento apresentado, por exemplo, pelo estudo *Empreendedorismo feminino como tendência de negócios*, de 2019, conduzido pelo Sebrae, que diz que "normalmente a palavra empreendedorismo está associada a grandes projetos e empresas", dentro da esfera masculina. Quando entramos no terreno do empreendedorismo feminino isso muda, explica o documento: "Primeiro porque o empreendedorismo feminino vai além do lucro e também está relacionado com empoderamento, com visibilidade, com reconhecimento, acolhimento e compartilhamento de informações". Sob esse aspecto, portanto, fica claro que aquele pequeno negócio de bolos caseiros ou de serviços de costura faz parte do universo empreendedor tanto quanto grandes negócios ou startups de tecnologia.

INVISÍVEIS NUNCA MAIS

Tudo isso contribuiu para manter invisível a atuação da mulher e criar uma percepção injusta acerca de sua presença no universo empreendedor que persiste ainda hoje. Quer um exemplo? Basta digitar na busca do Google "maiores empreendedores da história". Uma lista de homens vai pular na sua tela: Steve Jobs, o fundador da Apple; Bill Gates, criador da Microsoft; Mark Zuckerberg, idealizador do Facebook; ou um dos inventores do próprio Google, o americano Larry Page. Raras são as mulheres devidamente reconhecidas para integrarem essa lista. No Brasil, por exemplo, temos empreendedoras como Luiza Trajano (autora do prefácio deste livro), que construiu uma das maiores redes de lojas de varejo brasileiras, o Magazine Luiza. E há muitas outras.

Aos poucos vamos virando o jogo. Mais lentamente do que gostaríamos, é verdade, mas estamos no caminho. É importante lembrar que tivemos que ultrapassar grandes barreiras, inclusive ocupar nosso lugar no mercado de trabalho. Isso foi algo que só se intensificou na primeira metade do século passado, com a Segunda Guerra Mundial, a ida dos homens aos campos de batalha e a necessidade de mão de obra para as indústrias. É o que mostra o estudo *A participação feminina no mercado de trabalho*, de 2002, conduzido pelos pesquisadores Sergei Soares e Rejane Sayuri Izaki, do Instituto de Pesquisa Econômica Aplicada (Ipea).

> QUANDO UMA MULHER GERA RENDA FINANCEIRA, TODO ESSE ENTORNO É, DE ALGUMA FORMA, BENEFICIADO.

Eles citam o exemplo dos Estados Unidos, onde as mulheres eram 18% da população economicamente ativa em 1900, passaram a 32% em 1960 e a 46%

em 1992. No Brasil, eles apontam que 32% das mulheres com 10 anos ou mais estavam no mercado de trabalho em 1997, percentual que chegou a 46% em 2001. Foi um avanço considerável para as brasileiras em pouco mais de duas décadas, principalmente levando em consideração que nesse mesmo espaço de tempo o percentual de homens economicamente ativos no país não variou muito, ficando na casa dos 72%. E concluem: "Trata-se de um fenômeno de grande importância, pois seu impacto foi sentido nas duas instituições mais presentes na vida da maior parte dos indivíduos – a família e o local de trabalho".

De acordo com a segunda edição do levantamento *Estatísticas de gênero: indicadores sociais das mulheres no Brasil*, feito pelo IBGE, em 2019 a taxa de mulheres acima de 15 anos economicamente ativas era de 54,5%, enquanto a taxa masculina estava em 73,7%. Mas se, por um lado, nós consolidamos nosso espaço no mercado de trabalho, por outro não conquistamos a igualdade com os homens. Ainda ganhamos menos em funções equivalentes e não somos promovidas a cargos de liderança na mesma proporção que eles. Esse mesmo estudo aponta que a mulher recebia 77,7% do salário masculino na mesma função. Uma diferença que era ainda maior em cargos de liderança, como diretorias e gerências, que ficava em 61,9%. É o famigerado teto de vidro – aquele limite até o qual as mulheres ascendem, e do qual as empresas não as deixam passar – apontado pelos pesquisadores Luana Passos e Dyeggo Rocha Guedes no estudo do Ipea intitulado *Participação feminina no mercado de trabalho e a crise de cuidados da modernidade: conexões diversas*, de 2015. Eles explicam que essa limitação restringe as chances de a mulher alcançar melhores postos e salários.

> É IMPORTANTE LEMBRAR QUE TIVEMOS QUE ULTRAPASSAR GRANDES BARREIRAS, INCLUSIVE OCUPAR NOSSO LUGAR NO MERCADO DE TRABALHO.

Do trabalho como funcionária de uma empresa à iniciativa de ter um negócio próprio foi um caminho natural impulsionado, em grande parte, pela necessidade de colocar dinheiro dentro de casa. Muitas mulheres se lançaram no mercado de trabalho como forma de complementar a renda familiar ou porque são a única fonte de renda da família. O estudo *Estatística de gênero* mostra que, em 2000, 24,9% dos 44,8 milhões de lares brasileiros eram chefiados por mulheres. Em 2010, esse percentual subiu para 38,7% dos 57,3 milhões de domicílios do país. Nesse universo, mais de 42% desses lares eram comandados por mães sem marido ou companheiro. Com base em dados do IBGE, a consultoria IDados estimou que em 2020 34,4 milhões de brasileiras seriam responsáveis financeiramente por domicílios. Uma responsabilidade e tanto, não é?

O crescimento do empreendedorismo feminino acompanha essa necessidade de contribuir ou arcar integralmente com o orçamento doméstico. A pesquisa *Donos de negócios – análise de gênero 2015*, feita pelo Sebrae a partir de dados da PNAD/IBGE de 2014, apontou um aumento de 34% de mulheres à frente de um negócio entre 2001 e 2014. No primeiro trimestre de 2021, de acordo com a PNAD Contínua do IBGE, elas representavam um terço dos 28 milhões de empregadores ou trabalhadores por conta própria do Brasil. Nada menos que 9,4 milhões de mulheres estavam realizando o sonho do negócio próprio.

Sinal de que estávamos diante de um fenômeno consistente, a partir dos anos 2000 o empreendedorismo feminino brasileiro começou a despertar o interesse de pesquisadores acadêmicos. No artigo *Empreendedorismo feminino no Brasil: gênese e formação de um campo de pesquisa*, publicado em 2017 na revista *Empreendedorismo e Gestão de Pequenas Empresas*, os autores Fernando Antônio Prado Gimenez, Jane Mendes

Ferreira e Simone Cristina Ramos comprovam que o tema entrou mais fortemente na pauta de pesquisadores brasileiros nesse período. O aumento da visibilidade do assunto nas pesquisas deu-se especialmente pela ação de mulheres, que constituem 83,8% dos pesquisadores nessa área. Fora do Brasil, segundo eles, esse interesse teve início bem antes, na década de 1970.

Atualmente, se você olhar à sua volta, não será difícil encontrar uma dessas empreendedoras, ainda que elas estejam mais presentes em algumas regiões do país, como mostrou a pesquisa anual feita pelo IRME realizada em maio e junho de 2021, com 2.736 empreendedores (313 homens e 2.423 mulheres). Segundo o estudo, o maior percentual de mulheres com negócio próprio estava na região Sudeste (32%), depois vinham as regiões Nordeste (28%), Sul (19%), Norte (12%) e Centro-Oeste (10%). Segundo esse estudo, três áreas concentravam mais negócios femininos: prestação de serviços (39%), venda de produtos (34%) e produção de bens, produtos artesanais e comida (21%). O faturamento médio de 63% dessas empreendedoras ficava em torno de R$ 2,5 mil por mês. E 9% delas alcançavam um rendimento mensal superior a R$ 10 mil.

QUEM É A EMPREENDEDORA BRASILEIRA

Mas o que nos move a abrir um negócio próprio? Já em 2003, uma das principais pesquisadoras do tema no Brasil, Hilka Machado, buscava essa resposta no estudo intitulado *O processo de criação de empresas por mulheres*. Nessa busca, ela e outras duas pesquisadoras analisaram uma amostra de 90 empreendedoras, sendo 30 brasileiras, 30 canadenses e 30 francesas. Eram donas de empresas nas áreas industrial, comercial e prestadoras de serviços, a maioria criada na década de 1990.

A principal motivação desse grupo mostrou ser a realização pessoal, mas foram bastante citadas a identificação de uma oportunidade no mercado e as dificuldades ligadas à ocupação anterior. "Deste modo, a principal razão é, de fato, o desejo de melhorar as perspectivas de atuação no mercado de trabalho", entende a pesquisadora. Hilka ressalta que tais respostas podem ter sido reforçadas pelo elevado nível educacional das empresárias estudadas: 63,29% tinham graduação universitária ou pós-graduação; 29,9%, nível secundário; e 5,5%, nível primário. A maioria era casada (52,22%) e poucas não tinham filhos (3,3%). Em 42,22% dos casos eram responsáveis por 100% do orçamento familiar, e 32% contribuíam com 50%.

Conhecer a mulher que empreende tem sido também uma missão da RME e do IRME, que anualmente realizam pesquisas nesse sentido. Na edição de 2021, citada acima, a amostragem maior permitiu traçar um perfil mais abrangente das empreendedoras brasileiras. A maioria das entrevistadas (63%) tinha aberto o negócio nos últimos cinco anos – e um quarto começou a atividade em plena pandemia de covid-19. Para 26% dessas empreendedoras, o faturamento do negócio era a única renda da casa. Apenas 43% eram formalizadas, contavam com CNPJ. Entre essas, a maioria (63%) era microempreendedora individual (MEI).

Essa é uma característica persistente, detectada também na pesquisa de 2017 da RME e IRME, que ouviu 800 empreendedoras de todas as regiões do país, procurando avaliar as barreiras de crescimento enfrentadas pelos negócios criados e geridos por mulheres. Segundo a pesquisa, muitas brasileiras começam a empreender mais por necessidade do que por identificar uma oportunidade de negócio, especialmente quando se trata de uma atividade informal ou empresa registrada como MEI. É também o que mostra o *Relatório especial – empreendedorismo feminino no Brasil*, de 2019, feito pelo Sebrae. Com base em dados do GEM, esse levantamento apontou que 44% das empreendedoras brasileiras iniciam um negócio por necessidade (entre os homens, a taxa cai para 32%).

A análise RME/IRME de 2017 mostrou também que as brasileiras dão os primeiros passos com um negócio pequeno, geralmente informal, e com o tempo vão se organizando para investir no crescimento e na formalização da empresa. Ao contrário do que se pensa, a informalidade não tem ligação com o nível de escolaridade. A maioria das empreendedoras entrevistadas (79%) tinha grau de formação superior ou alguma pós-graduação. Entre a parcela de 30% que mantinha o negócio de até três anos na informalidade, a justificativa era a falta de dinheiro para a formalização (64%) e a crença de que o pagamento de impostos poderia inviabilizar sua atividade (43%).

As empreendedoras, em geral, são casadas (61%), chefes de família (44%), da classe B (53%) e têm filhos (55%). Como já falei aqui, a maternidade é um dos gatilhos para iniciar um negócio – 75% das entrevistadas afirmaram que decidiram empreender após se tornarem mães. Muitas também tomam esse rumo depois que elas ou os companheiros perdem o emprego. Ou seja, para essas mulheres a família e a atividade profissional estão intimamente ligadas, como ressalta o estudo de 2017, ao afirmar que "metade das empreendedoras vivem o dilema de tentar equilibrar o tempo dedicado à família e ao trabalho, entretanto, muitas vezes abrem mão do crescimento do negócio para privilegiar a vida pessoal ou acabam direcionando poucas horas para a casa e os filhos".

A edição de 2019 da pesquisa do RME/IRME fez um recorte de gênero para comparar as diferenças entre o empreender masculino e o feminino. Para isso, foram entrevistadas 1.930 mulheres e 624 homens. Entre as principais diferenças levantadas, notou-se que elas eram mais escolarizadas – 69% delas tinham graduação ou pós-graduação, diante de 44% dos homens com o mesmo grau de instrução. Para elas, a opção pelo negócio próprio

AO CONTRÁRIO DO QUE SE PENSA, A INFORMALIDADE NÃO TEM LIGAÇÃO COM O NÍVEL DE ESCOLARIDADE.

representava a possibilidade de flexibilização de horários e a de ter mais tempo para a família – com isso, acabavam também dedicando menos horas para o negócio, pois direcionavam em média 24% de sua disponibilidade para a casa e filhos. Já para eles, a motivação principal para empreender era a renda extra ou uma vocação natural.

Algumas das diferenças entre homens e mulheres pesquisados apontam aspectos que precisam ser otimizados entre as empreendedoras brasileiras. Apenas um terço das entrevistadas (34%) admitiram se sentir capazes de planejar o seu negócio – tanto que 49% iniciam a empresa sem qualquer planejamento. Já 50% dos homens ouvidos disseram ser bons planejadores. A gestão financeira do negócio é outra área em que as mulheres precisam se fortalecer, uma vez que apenas 28% das pesquisadas sentiam-se à vontade nessa atividade, enquanto metade dos homens se mostrou mais segura. Uma parcela significativa das empreendedoras (41%) misturava o dinheiro da casa com o dos negócios, um dos principais equívocos que pode comprometer as finanças da empresa, cometido por apenas 28% dos homens entrevistados.

Agora, vamos falar de crédito... Sim, as pesquisas da RME/IRME indicam as dificuldades que as empreendedoras enfrentam para ter acesso a financiamentos para alavancar seus negócios. Tanto que, no levantamento de 2019, 63% das empresárias ouvidas nunca haviam procurado ou mesmo pensado em procurar um empréstimo bancário. Sobre isso, a pesquisa de 2017 ressaltou que "mulheres têm mais dificuldade na obtenção de crédito e financiamento, o que atrapalha o planejamento, a regularização e, muitas vezes, a continuidade do negócio".

Infelizmente essa não é uma dificuldade apenas das brasileiras. Atinge mulheres que empreendem no mundo todo. Tanto que, em 2017, esse foi um dos temas mais comentados numa reunião do G20, o grupo que reúne os líderes das economias mais influentes do mundo. Naquela ocasião, a então chanceler alemã Angela Merkel anunciou medidas para facilitar o acesso ao crédito entre mulheres e diminuir a desigualdade de gênero.

Essa também é uma das preocupações do Women20, ou W20, um dos grupos de engajamento ligados ao G20. Esses grupos são formados por representantes da sociedade civil, e seu papel é fazer recomendações ou pressionar por mudanças junto à cúpula do G20 em relação a diversas questões ligadas a avanços e melhorias econômicas que incluam e melhorem a vida de todos os segmentos da sociedade. No caso do W20, que integro como uma das representantes do Brasil, o foco é batalhar pelo desenvolvimento econômico das mulheres do mundo todo, garantindo seus avanços na igualdade de direitos.

Uma das recomendações encaminhadas pelo W20 ao G20 é que essa cúpula de líderes mundiais ofereça mais apoio às empresárias e às cooperativas femininas mundo afora, garantindo seu acesso igualitário a financiamentos e mercados. Nesse documento, o W20 ressalta que o empreendedorismo é vital para um crescimento resiliente e sociedades empenhadas: "Os empreendedores aumentam o emprego e a produtividade, enquanto criam inovações de alta qualidade. Aumentar o enorme potencial inexplorado do empreendedorismo feminino contribuiria significativamente para alcançar os objetivos de crescimento do G20".

Todos esses desafios só tornam ainda mais essencial a união das empreendedoras. Tenho plena certeza de que o trabalho em rede é o caminho. Mas cada uma, no seu dia a dia, pode também fazer sua parte para que seu negócio prospere. Quer saber como? Para começar, conhecendo melhor o tipo de negócio que deseja montar. Tema dos próximos capítulos.

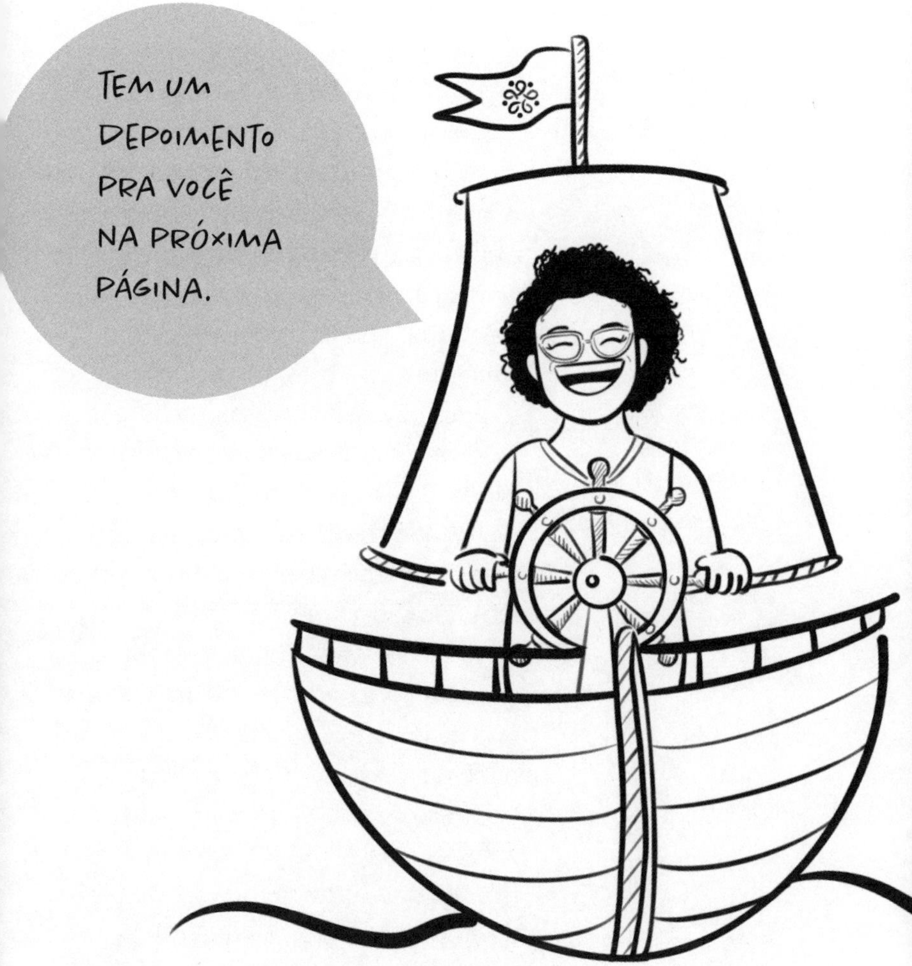
TEM UM DEPOIMENTO PRA VOCÊ NA PRÓXIMA PÁGINA.

LIÇÕES DE EMPREENDEDORA

"Virei empreendedora por acaso, porque, confesso, meu sonho era ser assalariada pelo resto da vida. Eu me sentia segura com isso. Tive duas gravidezes tardias, a primeira após um tratamento e a segunda de forma natural, logo após o nascimento do primogênito. Na época, eu era executiva de marketing na filial brasileira de um grupo americano e estava até com uma promessa de promoção. Mas, em 2013, quando voltei da minha segunda licença-maternidade, fui demitida. Eram tempos difíceis para recolocação, e ser mãe de dois filhos pequenos não ajudava muito. Senti na pele as barreiras que o mercado coloca para mulheres com filhos. Comecei a pensar em empreender, mas não sabia por onde começar. Já conhecia a Ana Fontes e ela me chamou para participar de uma reunião chamada *Café com Empreendedoras*, na Rede Mulher Empreendedora. Confesso que esse primeiro contato me assustou. Eram mais de 200 mulheres falando das dificuldades e dos desafios de empreender. Eu não queria essa montanha-russa de emoções. Mas o contato com outras mulheres que passavam pelas mesmas dificuldades me fez sentir acolhida, encorajada. E fui descobrindo o meu valor, confiando mais em mim. Com a experiência que tinha adquirido gerenciando marcas de uma multinacional americana eu podia ajudar outras mulheres, passei a dar mentorias. E assim a Stratlab foi nascendo naturalmente. Fiquei bem ligada à Rede durante os três primeiros anos de minha empresa. Mas não me afastei totalmente depois disso, sempre retorno de vez em quando. No mundo do empreendedorismo, o aprendizado é constante, a gente precisa se renovar sempre. E estar em contato com outras mulheres que vivem o desafio de empreender me mantém muito viva. Sempre que me aproximo desse ecossistema poderoso eu aprendo, novas possibilidades se abrem."

Fernanda Nascimento Wanderley *é planejadora de marketing e especialista em estratégias digitais para mercados B2B. É fundadora da Stratlab, empresa especializada em marketing digital, e sócia do marido.*

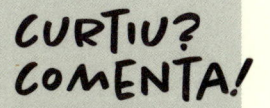

CURTIU? COMENTA!

2. OS NEGÓCIOS QUE MAIS ATRAEM AS MULHERES

Boa parte das mulheres que resolvem empreender costumam escolher um negócio dentro de uma certa área de conforto. São empreendimentos em setores nos quais elas já se reconhecem, que fazem parte de seu universo. Ou seja, aqueles segmentos que tradicionalmente a sociedade delimitou como território feminino: moda, beleza, alimentação, estética, cuidados com a casa e a família.

É o que mostra, por exemplo, uma análise dos dados de microempreendedores individuais (MEIs) cadastrados no Ministério da Fazenda, considerando uma amostra de pequenos negócios registrados no Estado de São Paulo em julho de 2021. De um total de 249.492 MEIs do ramo de salão de beleza, 76% eram lideradas por mulheres. Entre as 73.642 empresas que exploravam outras atividades de tratamento de beleza, a parcela assumida por mulheres era de 96%. O percentual feminino era alto também nos segmentos de serviços domésticos (96%), lavanderias (85%), confecção de roupas (82%), comércio de roupas e bijuterias (75%), comércio de cosméticos, produtos de beleza e higiene pessoal (73%) e fornecimento de alimentos preparados para uso predominantemente domiciliar (71%).

Mas é um problema empreender na área de conforto? Antes de entrar nessa questão, quero falar um pouco sobre outra característica do empreendedorismo feminino: uma parte significativa das mulheres empreende mais por necessidade do que por oportunidade, como mostrei no capítulo anterior. Esse traço de nosso empreendedorismo tem um impacto significativo no desenvolvimento do negócio. Em geral, a pessoa que detecta uma oportunidade no mercado e resolve abrir uma empresa dentro do nicho que descobriu tem maiores chances de acertar (*vamos falar mais sobre isso no próximo capítulo*).

> ESSA OPORTUNIDADE DE SENTIR-SE PRODUTIVA TAMBÉM AJUDA A ALIMENTAR A AUTOESTIMA, UMA VEZ QUE ELA PODE DESCOBRIR UM NOVO RUMO PARA SUA VIDA.

Quem empreende por necessidade lança-se nessa empreitada porque não encontrou alternativa de renda. E, claro, sempre vai preferir partir de algo que esteja dentro de seu universo, que domina de certa forma, para minimizar os riscos. Se ela tem mão boa para a comida, por que não abrir um negócio na área de alimentação? Essa pessoa não costuma avaliar as necessidades do mercado, começa tudo com uma certa intuição, por isso nada melhor que atuar dentro dessa zona de conforto.

Muitas vezes, essa é a única alternativa que resta para a mulher que necessita urgentemente aumentar sua renda, que viu seu companheiro ou ela própria perder o emprego. E eu vou dizer para essa mulher que abrir um negócio na área de conforto é um problema? Não! Às vezes pode até ter algumas vantagens. A principal é que ela está atuando numa área em que tem conhecimento e que pode explorar com mais facilidade. Essa oportunidade de sentir-se produtiva também ajuda a alimentar a autoestima, uma vez que ela pode descobrir um novo rumo para sua vida, despertar o gosto para uma nova carreira, construir sua autonomia e, com isso, tomar as rédeas de sua vida.

> ESSA OPORTUNIDADE DE SENTIR-SE PRODAUTIVA TAMBÉM AJUDA A ALIMENTAR A AUTOESTIMA.

Um caso de sucesso de um negócio que teve início na área de conforto é o do Bistrô & Café Mãos de Maria, empreendimento social idealizado pela Associação de Mulheres de Paraisópolis, da qual Elizandra Cerqueira faz parte e foi uma das fundadoras. Em 2007, elas notaram que havia um grande grupo de mulheres nordestinas na comunidade, que é uma das maiores favelas de São Paulo, com talento especial para a culinária, mas que necessitavam de capacitação para fazerem desse conhecimento um empreendimento. Muitas dessas mulheres, inclusive, sofriam violência doméstica, e conquistar a autonomia financeira era um passo importante para saírem dessa situação. Já tem muita gente no segmento de alimentação disputando clientes? Tem! Mas, em conjunto com as companheiras, Elizandra ponderou que seria uma área mais interessante para estimulá-las a empreender, porque, por ser próxima da realidade dessas mulheres, todas transitavam com facilidade por ela. O segredo para o negócio dar certo foi não fazer mais do mesmo.

Em 2017, a sementinha dos cursos germinou e surgiu o Bistrô & Café Mãos de Maria, na laje da União dos Moradores e do Comércio de Paraisópolis, onde hoje atuam ex-alunas dos cursos. O empreendimento vai além da geração de emprego. Ele oferece formação a novas alunas, com foco principal em vítimas de violência doméstica, e promove a alimentação saudável. No mesmo espaço do bistrô, as mulheres cultivam hortaliças e ervas aromáticas, dentro do projeto *Horta na Laje*, em parceria

> COMEÇAR A EMPREENDER EM UMA ÁREA DE CONFORTO NÃO CHEGA A SER UM GRANDE PROBLEMA.

com o Instituto Stop Hunger, que combate a fome e promove o empoderamento feminino. Ali acontecem cursos e oficinas de cultivo de hortas urbanas não apenas para mulheres, mas para idosos e crianças da comunidade. Já são cerca de 1,4 mil mudas, as colheitas acontecem quinzenalmente e tudo o que não é utilizado na cozinha do bistrô – que serve comida caseira no local e faz entregas, além de atender festas – é doado para as famílias envolvidas nos cursos.

CRIE SEU DIFERENCIAL

Viu que história incrível a da Elizandra e da Associação de Mulheres de Paraisópolis? Pois é, trata-se de um negócio numa área de conforto – a alimentação. Mas, veja bem: em torno desse negócio foram reunidos alguns diferenciais e ele ganhou um perfil autêntico. Muito mais que um negócio, o Bistrô & Café Mãos de Maria é um projeto de empoderamento de mulheres em situação de vulnerabilidade social, promove o engajamento social e tem ingredientes de sustentabilidade. É o que se chama de negócio social.

O sucesso do empreendimento rompeu os limites de Paraisópolis. Em 2018, a iniciativa recebeu o prêmio *Women Stop Hunger*, em Paris. Em 2020, com a crise sanitária do novo coronavírus, o Mãos de Maria entrou nos esforços para combater a fome de muitas famílias vulneráveis da comunidade que se viram sem renda, junto com a associação de moradores. Para essa empreitada, 55 moradoras em situação de vulnerabilidade e interessadas em empreender receberam capacitação e uma cozinha completa para poderem iniciar um negócio na área de alimentação. Mobilizando muitos outros parceiros, em pouco mais de um ano, mais de 1,7 milhão de marmitas foram distribuídas pela iniciativa para moradores de Paraisópolis que passariam fome durante a pandemia sem esse auxílio.

> O QUE ESTOU PENSANDO EM OFERECER RESOLVERÁ AS NECESSIDADES DO MEU CLIENTE? ESSA PERGUNTA É MÁGICA, ACREDITEM.

Está vendo como uma coisa vai puxando a outra? É por isso que começar a empreender em uma área de conforto não chega a ser um grande problema. Mas é preciso ter o cuidado de buscar um caminho diferenciado durante o processo de construção e fortalecimento desse negócio, para encontrar oportunidades de oferecer uma solução ao cliente em potencial que o seu concorrente não está percebendo. Ou seja, mesmo se você começou por necessidade ou em uma área de conforto já cheia de concorrentes, se conseguir fazer esse ajuste ao longo da jornada terá maiores chances de ser bem-sucedida.

Você pode perguntar: o que faço para descobrir como ajustar meu negócio nesse rumo? Comece olhando à sua volta e tentando entender melhor a necessidade das outras pessoas. Às vezes a empreendedora tem um produto ou um serviço que ela acha ótimo, só que não está acontecendo, não está atingindo os resultados que imaginava ao abrir sua empresa. Provavelmente ela não fez uma das primeiras lições de casa obrigatórias quando se pensa em abrir um negócio: avaliar o ponto de vista do cliente. O que estou pensando em oferecer resolverá as necessidades do meu cliente? Essa pergunta é mágica, acreditem.

> VOCÊ PODE CRIAR, SIM, UMA EMPRESA DENTRO DA ÁREA DE CONFORTO QUE FAÇA SENTIDO E RESOLVA PROBLEMAS REAIS, POIS ESSE É UM DOS FATORES QUE CONTAM PARA O SEU EMPREENDIMENTO PROSPERAR.

Gosto muito de dar o exemplo do salão de beleza. No bairro onde moro, como em muitos na cidade de

São Paulo, a gente encontra um salão de beleza atrás do outro. É verdade, nunca falta cliente para fazer o cabelo e a unha, mesmo assim essa concorrência acirrada é um desafio para qualquer empreendedor. Como se diferenciar dos concorrentes e conquistar mais clientes em um ramo como esse? Há soluções de todo tipo. A proprietária de um salão que conheci, por exemplo, criou um serviço que segue o conceito de atendimento de *fast food* de hambúrguer. Posicionou de um lado uma fileira de 20 mesas de manicure. Do outro, dez bancadas de cabeleireiro. No final do salão, a ilha de podologia e estética. O pulo do gato é o sistema de atendimento: a cliente não precisa marcar hora: é só chegar, pegar uma senha para o serviço desejado e aguardar a vez de ser atendida. Com isso, o atendimento é agilizado e dá para atender quem passa pelo local, o que traz algumas clientes que chegam por impulso.

Para pessoas que, como eu, não gostam ou nem têm tempo para ficar horas no cabeleireiro, foi uma ótima solução. Essa empreendedora percebeu que seu maior talento não era fazer unhas ou cabelo, mas inovar na forma de atendimento para otimizar o tempo que suas clientes potenciais tinham. Assim, resolvendo um problema real, ela conseguiu sobressair com um negócio convencional. E tudo na zona de conforto! Isso vale para inúmeros outros

> VALE REPETIR, A RECOMENDAÇÃO DE BUSCAR SEMPRE UM DIFERENCIAL, UMA OPORTUNIDADE, NÃO VEJO PROBLEMAS EM INVESTIR EM UM NEGÓCIO NA ÁREA DE CONFORTO.

tipos de negócios. Desde que se siga, vale repetir, a recomendação de buscar sempre um diferencial, uma oportunidade, não vejo problemas em investir em um negócio na área de conforto.

Faço questão de dizer isso para aquelas que procuram a Rede Mulher Empreendedora. Porque tem muita gente por aí falando do empreendedorismo feminino nesses segmentos como um problema. Como se fosse ruim para as mulheres investir nos ramos de moda, alimentação, beleza. Como se esses negócios fossem menores em relação a outros em áreas mais valorizadas, como as de tecnologia. Tudo isso é bobagem. Você pode criar, sim, uma empresa dentro da área de conforto que faça sentido e resolva problemas reais, pois esse é um dos fatores que contam para o seu empreendimento prosperar. Quer saber mais sobre isso? Vamos para o próximo capítulo.

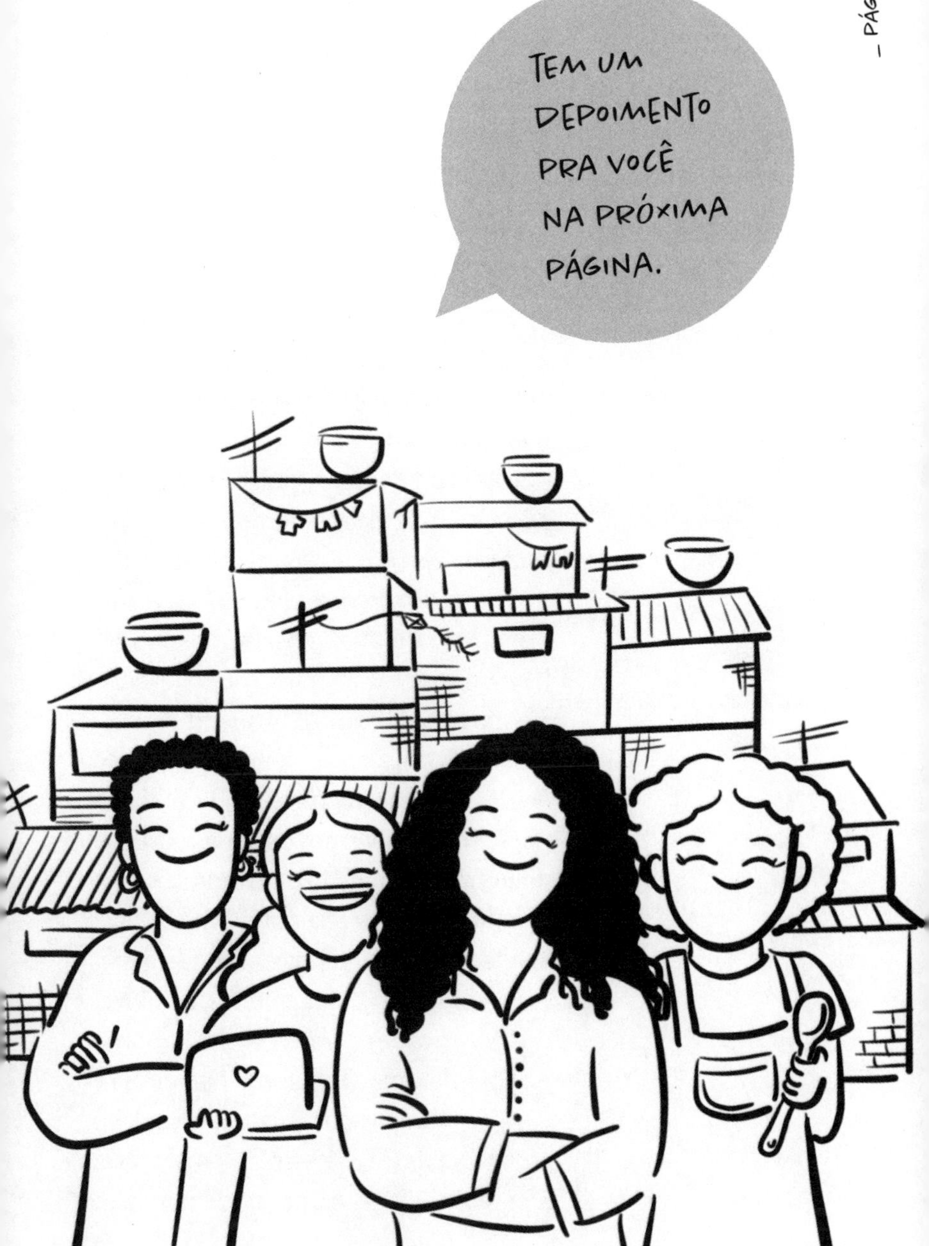
TEM UM DEPOIMENTO PRA VOCÊ NA PRÓXIMA PÁGINA.

UM NEGÓCIO QUE FORTALECE MULHERES

"O Bistrô & Café Mãos de Maria é um negócio social, o que me deixa muito satisfeita. Eu vivi um relacionamento abusivo e isso tornou ainda mais claro para mim como é importante ter autonomia financeira. Tive um privilégio que muitas não têm: eu trabalhava e não dependia de meu agressor, e contei com apoio familiar. Mas via na comunidade muitas mulheres que padeciam do mesmo problema, só que em condições completamente desfavoráveis: dependiam financeiramente do companheiro, pois estavam fora do mercado de trabalho, tinham abandonado os estudos, haviam se tornado mães muito jovens. Aquilo mexeu comigo e, quando criamos a associação de moradoras de Paraisópolis, foi mais um incentivo para empreendermos de uma forma diferente. A intenção era ajudá-las a encontrar uma alternativa, uma saída. Começamos com os cursos. A ideia era capacitá-las para o mercado de trabalho ou incentivá-las a empreender no ramo de comida, colocando uma plaquinha em casa ou divulgando seus produtos nas redes sociais. Aí as pessoas começaram a perguntar se as alunas poderiam fazer comida para vender em esquema de bufê. A ideia evoluiu e criamos o restaurante para receber as pessoas que visitavam Paraisópolis. Acho que tivemos sucesso porque partimos de um propósito, que é o nosso diferencial: a inclusão e o empoderamento das mulheres. É o que agrega valor ao nosso trabalho. Valorizamos o saber dessas mulheres, os pratos populares que são tradição na história delas, a cultura das pessoas que moram na periferia. Ou seja, nosso empreendimento não se resume à comida. Queremos mostrar que a favela tem qualidade e fortalecer a mulher da periferia."

Elizandra Cerqueira conhece profundamente a comunidade de Paraisópolis, onde sua família foi morar quando ela tinha apenas 1 ano de idade. Pode-se dizer que sua atuação como empreendedora social começou a se formar ainda na escola, quando foi líder do grêmio estudantil. Em 2006, foi uma das fundadoras da Associação de Mulheres de Paraisópolis, cujo objetivo é empoderar as moradoras locais com capacitação profissional e geração de renda. O empreendimento Bistrô & Café Mãos de Maria foi um desdobramento desses cursos. O sonho de Elizandra é expandir a experiência para outras favelas.

CURTIU? COMENTA!

A MULHER QUE EMPREENDE

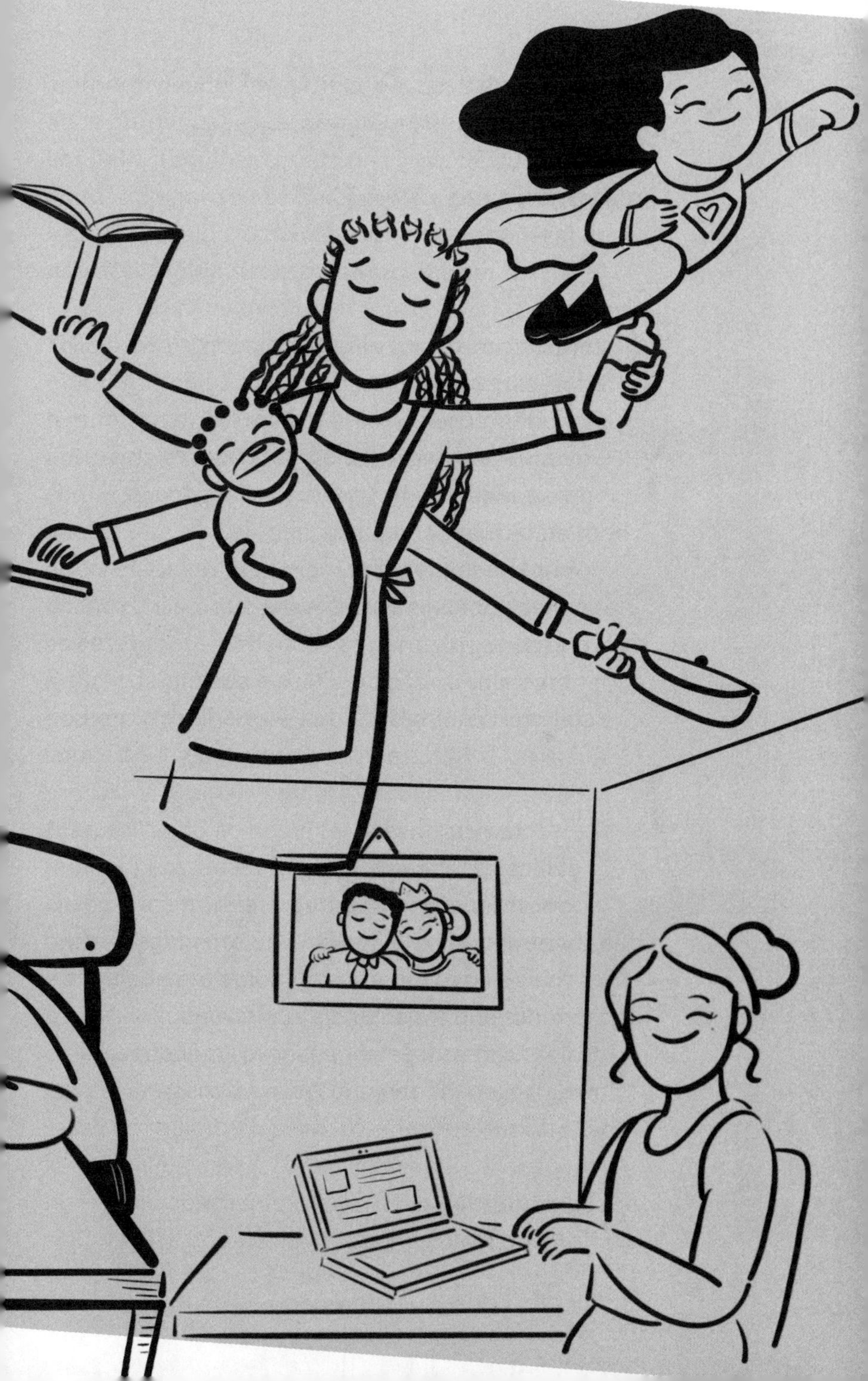

3. O MELHOR NEGÓCIO É EMPREENDER POR OPORTUNIDADE

Conquistar clientes é um dos grandes desafios quando abrimos um negócio. Por isso, um ponto fundamental que a empreendedora deve considerar ao planejar a nova empresa é entender quais são as necessidades do cliente em potencial e buscar atendê-las. Os melhores negócios são aqueles que resolvem problemas reais das pessoas. Se você entra no mercado com um produto ou um serviço que oferece solução para um bom número de indivíduos às voltas com determinada dificuldade, já tem meio caminho andado! Os especialistas chamam isso de empreender por oportunidade. Você percebe que existe uma demanda no mercado, pensa nisso como uma oportunidade que pode ser explorada e cria sua empresa nesse nicho!

Como vimos no capítulo anterior, muitas mulheres não levam em conta essa questão na hora de empreender, ao menos nos primeiros passos do empreendimento. Então, este capítulo é para reafirmar que precisamos, sim, colocar isso no topo de nossa lista de primeiras coisas a pensar na hora de abrir um negócio.

Para explicar bem a importância dessa questão, sempre aconselho a empreendedora a fazer uma pergunta para ela mesma: "Meu negócio é analgésico ou vitamina?". É uma analogia que você vai entender rapidinho. Primeiro, pense no que nos motiva a tomar vitaminas: solucionar um problema ou fortalecer o organismo? Você pode seguir sua vida sem a vitamina, mas com ela terá um organismo mais fortalecido. Porém, se você tem uma dor de cabeça, ou de dente, precisa de algo que faça desaparecer aquele mal-estar. Você precisa de um remédio para resolver o problema: um analgésico! Agora vamos pensar em termos de empreendimento: as chances de um "negócio analgésico" bem executado prosperar e conquistar clientes são muito maiores do que as de um "negócio vitamina". É isso que você deve ter em mente: fazer um negócio para disponibilizar soluções para dores reais.

A Rede Mulher Empreendedora (RME), por exemplo, nasceu com o objetivo de resolver uma dor real daquela mulher que decide empreender, mas não se sente plenamente capaz de gerenciar um negócio.

A princípio acreditávamos que o caminho seria fornecer capacitação nas chamadas *hard skills*, as habilidades necessárias para administrar bem um empreendimento, como planejamento, plano de negócio, gestão financeira, vendas, marketing. Mas percebemos que isso não era suficiente. Claro que são conhecimentos essenciais para a gestão de uma empresa, porém era necessário ir mais fundo para resolver de fato a dor dessa mulher. Era preciso desmontar a crença construída há muito tempo em nossa sociedade de que o comando de uma empresa não era lugar para mulher. Muita coisa está mudando nas novas gerações, mas, em geral, as mulheres foram educadas para serem elogiadas pela beleza, pela delicadeza, pela educação, não por inteligência, audácia, sagacidade. Da mesma forma, já havia lugares na sociedade reservados a elas, e o mundo dos negócios não fazia parte dessa lista.

> OS MELHORES NEGÓCIOS SÃO AQUELES QUE RESOLVEM PROBLEMAS REAIS DAS PESSOAS.

Ainda há muito trabalho a fazer para derrubar esse estigma. Tanto que, mesmo com as estatísticas mostrando a forte presença de mulheres à frente de uma empresa no Brasil – como você viu no primeiro capítulo –, a maioria das instituições do país ainda não fala com elas. As principais políticas e iniciativas de apoio tratam dos desafios dos pequenos empreendimentos em geral, sem levar em conta as particularidades do empreender feminino. Foi a partir dessa percepção que a RME surgiu e começou a trabalhar em soluções voltadas para as necessidades da mulher empreendedora – ou, como falei, pensando em resolver suas dores reais. Para mostrar que o ambiente de negócios também é para elas. Para deixar claro que o lugar da mulher é onde ela quiser estar, e isso inclui estar à frente de um negócio ou fazer carreira em áreas tradicionalmente dominadas pelos homens.

Concluímos, então, que os primeiros passos para empoderar uma empreendedora era superar essa construção social do papel da mulher e apoiá-la para conquistar autoconfiança. Decidimos iniciar a capacitação com as *soft skills*, ou habilidades sociais e emocionais, e criamos uma metodologia baseada em estudos. Não foi fácil. Hoje é comum as pessoas falarem de habilidades socioemocionais, é um tema cada vez mais valorizado no universo dos recursos humanos e da gestão de talento das corporações. Mas em 2017, quando começamos a colocar em prática a nova metodologia, foi necessário até mesmo convencer grandes empresas financiadoras dos programas de capacitação da RME a aceitarem esse novo conceito.

E o que são essas habilidades socioemocionais tão importantes para uma empreendedora? Falar com desenvoltura em público, por exemplo, é essencial, seja para se posicionar bem em uma entrevista de emprego, seja para vender o seu produto. Também incluímos educação financeira, fundamental tanto para cuidar do dinheiro pessoal quanto dos recursos da empresa. Explicamos a importância de construir pequenas redes de relacionamento no seu entorno, recurso que serve para ajudar ou motivar a empreendedora em momentos de dificuldade nos negócios. A negociação é outra habilidade que abordamos nessas formações. As pesquisas mostram que as mulheres se colocam em desvantagem quando precisam negociar alguma coisa. Então, mostramos como se posicionar nessas situações, quais as questões que estão envolvidas.

A formação inicial, pelo que você pode perceber, é muito centrada no autoconhecimento. Só depois, na segunda etapa, passamos para a capacitação das *hard skills*, as ferramentas de administração do negócio. E o que percebemos? Em cinco anos oferecendo essa metodologia, conseguimos atingir o objetivo de oferecer soluções para as principais dores da mulher que empreende. Dados da pesquisa *Mulheres empreendedoras – 2021*, do IRME, que ouviu 2.735 pessoas no país todo (313 homens e 2.423 mulheres), demonstram isso. As empreendedoras participantes da RME mostraram ter maior confiança em sua atuação: 85% delas acreditavam que realizariam a meta de expandir seu empreendimento;

entre as que não eram participantes da RME, apenas 48% deram essa resposta. A percepção de que estamos no caminho certo é reforçada por dados de pesquisas de avaliação de impactos como esse e, principalmente, pelos depoimentos das mulheres que passam pela RME.

COMO ENXERGAR OPORTUNIDADES

A satisfação do cliente é a comprovação de que temos nas mãos um negócio analgésico. E quais são as pistas para chegar até ele? Não há uma fórmula mágica. Mas a primeira coisa que recomendo é olhar atentamente o que está acontecendo em seu entorno. Foi o que fez a engenheira civil Tatiana Pimenta, que criou a Vittude, uma plataforma de psicologia online e educação emocional que conecta pessoas interessadas em fazer terapia a profissionais da área. Com uma equipe multidisciplinar (que inclui profissionais com grande experiência em psicologia, engenharia e desenvolvimento de softwares, comunicação e marketing), ela oferece um serviço de fácil acesso. Basta se cadastrar na plataforma, escolher um dos psicólogos credenciados e agendar a sessão virtual. Quinze minutos antes do horário agendado, o paciente recebe o link para acessar a sessão e depois é só pagar na mesma plataforma.

> FIQUE DE OLHO NAS TENDÊNCIAS, NO COMPORTAMENTO DOS CONSUMIDORES, PROCURE VER O QUE ELES ESTÃO BUSCANDO.

Tatiana teve os primeiros insights sobre o empreendimento em 2015. Desencantada com a engenharia, ela começava a pensar em uma carreira alternativa quando seu pai teve câncer. Para apoiá-lo, precisou enfrentar uma maratona de desafios para que ele, morando no Mato Grosso do Sul, acessasse os serviços médicos de que necessitava. No interior do estado era muito difícil achar atendimento especializado para o pai. Então, a ideia surgiu como um lampejo: que tal criar um negócio que facilite o acesso das pessoas aos especialistas por meio da tecnologia?

Para não dar um salto no escuro, mergulhou em pesquisas. Naquela época, a telemedicina era um tema muito complexo e ainda não tinha sido regulamentada pelos órgãos que fiscalizam as profissões de saúde. Mas, acompanhando de perto a área, no contato com grupos que estudavam o assunto, ela percebeu que para o segmento de psicologia já existiam metodologias e regulamentação. Tatiana lembrou de outro momento de sua vida em que precisou de atendimento psicológico e também teve dificuldades. Passou por três especialistas de seu plano de saúde que não atenderam suas expectativas. Observou que, por remunerarem de forma insatisfatória os profissionais, as operadoras dificilmente contam com psicólogos de muita bagagem.

> UMA SOLUÇÃO SIMPLES, EM QUE NINGUÉM TINHA PENSADO ANTES, PODE SER MUITO INOVADORA.

E assim nasceu a Vittude, nome que é a junção das palavras vital e saúde, reforçando a ideia da grande relação entre os dois conceitos. Antes disso, Tatiana avaliou bem o mercado para certificar-se de que realmente havia ali uma oportunidade de prosperar. Em seus levantamentos, descobriu que o Brasil é o país mais ansioso do mundo, o quinto em casos de depressão, e o segundo com o maior número de pessoas apresentando estresse crônico. Ou seja, muita gente precisando de atendimento especializado e metade dos municípios sem psicólogos. Lá estava um legítimo negócio analgésico a ser explorado.

A jornada que Tatiana fez para montar a Vittude exemplifica bem os caminhos a percorrer para encontrar uma oportunidade de negócio. Como falei, olhar as necessidades das pessoas ao seu redor, como ela fez, é o primeiro passo. Buscar informações sobre o público que você pretende atingir é outro. Além disso, em qualquer tempo, seja no início ou em pleno andamento do negócio, é preciso estar atenta. Fique de olho nas tendências, no comportamento dos consumidores, procure ver o que eles estão buscando. Percebeu uma necessidade, uma dor? Pense em soluções que você pode oferecer.

Para se atualizar sobre as tendências e oportunidades na área de seu interesse existem diversas estratégias. Eu, por exemplo, procuro acompanhar o que está acontecendo no universo das organizações que atuam no meu segmento no Brasil e no exterior. "Ah, mas tem muita coisa em inglês!" Tem. E o Google Tradutor está aí para ajudar. Sem contar que muitos sites oferecem a opção de leitura em português. Então, não há desculpas, concorda? Outra coisa que eu faço é acompanhar as pessoas que considero relevantes para entender por onde nosso mundo está caminhando. Isso vale para qualquer tipo de negócio. Para a Tatiana, que está na área de saúde, ou para a empreendedora que faz bolo caseiro. É preciso saber o que está acontecendo e pode influenciar no comportamento do consumidor.

Nessa história de buscar uma oportunidade de negócios também vale um alerta. Você já deve ter notado que de tempos em tempos aparece um negócio da moda, não é? São ideias que parecem um pote de ouro, surgem, viram febre, muita gente resolve investir nelas e ocorre o fenômeno conhecido como "efeito manada". Quer um exemplo? As paleterias mexicanas. Os sorvetes típicos do México chegaram com tudo no Brasil por volta de 2014, animando empreendedores que resolveram abrir sorveterias do gênero. Um ano depois, essa onda começou literalmente a derreter. Outra atividade da moda que também se enquadra no tal do efeito manada é a de *coaching*.

Diariamente recebo em torno de 30 mensagens de mulheres que fizeram um curso de *coaching* e querem se estabelecer nesse ramo. O sinal vermelho já acendeu. Quando você entra numa área assim tão saturada, sem um diferencial, os riscos de frustração são enormes.

INOVAÇÃO É UMA CHAVE IMPORTANTE

O movimento oposto a esse é buscar inovação dentro do que você se propõe a fazer. E não pense que estou falando de coisas sofisticadas, de alta tecnologia. As pessoas têm uma ideia errada do que é inovar. Uma solução simples, em que ninguém tinha pensado antes, pode ser muito inovadora. Nesses anos todos do RME, vejo diariamente ações inovadoras de empreendedoras que me impressionam por transformar as coisas em algo novo de um jeito muito simples.

Veja este exemplo. Em 2020, Janete Costa e Maíra Costa, mãe e filha, tiveram que encarar o desafio de se reinventar durante a pandemia de covid-19. Desde 2016 elas comandam o Free Soul Food, bufê especializado em alimentação natural, contando inclusive com cardápios para veganos, vegetarianos e pessoas com restrições alimentares. Depois de três anos atuando em sistema de delivery e oferecendo serviço de

> É PRECISO SABER O QUE ESTÁ ACONTECENDO E PODE INFLUENCIAR NO COMPORTAMENTO DO CONSUMIDOR.

bufê completo para eventos sociais e corporativos, elas ganharam a concorrência para operar um restaurante e uma lanchonete dentro de uma empresa. Tinham feito todos os investimentos e estavam à beira da inauguração quando veio o golpe: os funcionários da empresa foram colocados em home office e o restaurante e a lanchonete não iriam abrir. Os eventos também foram cancelados. Restava apenas o delivery, que não daria para sustentar o negócio por muito tempo. Diante desse cenário dramático, muitos empreendedores da área de alimentação fecharam definitivamente suas portas.

Mas Maíra não sossegou até encontrar uma saída. Começou fazendo uma pesquisa. Distribuiu questionários para as empresas que atendiam com o fornecimento de bufês – clientes de grande porte, nacionais e internacionais. Nos 400 questionários respondidos, ela detectou que muitas pessoas que estavam trabalhando em home office tinham dificuldade de preparar as refeições em casa, de planejar a quantidade de ingredientes que precisavam ter na dispensa, sofriam para variar os preparos. Veio então uma dessas ideias inovadoras: ela criou a cesta inclusiva, um kit básico com os ingredientes e as receitas para preparar um cardápio variado para as refeições de uma semana inteira. Alguns preparos já vão pré-prontos (arroz e feijão) e em porções individuais e os legumes, lavados e cortados. Tudo pensado para tornar as refeições mais práticas e ganhar tempo. Uma solução ótima para quem estava trabalhando em casa. A própria empresa poderia comprar os kits e distribuir para os seus funcionários.

Aos poucos os eventos foram sendo retomados, mas em formato adaptado à situação de pandemia – menores e no esquema de reuniões virtuais. No mesmo modelo da cesta inclusiva, a Free Soul criou outro produto: o coffee na caixa, kits individuais de coffee break entregues na residência dos participantes dos eventos. Essas inovações garantiram não apenas a sobrevivência do negócio de Maíra e Janete, mas também emprego e renda para outras mulheres. A Free Soul recebeu o *Selo Municipal de Direitos Humanos e Diversidade* em 2018 e 2019, conferido pela Prefeitura de São Paulo a empresas de impacto social. Isso porque as sócias empregam em sua cozinha mulheres negras em situação de vulnerabilidade social e imigrantes. E parte dos produtos com os quais trabalham é fornecida por empreendedoras sociais.

> ESSAS INOVAÇÕES GARANTIRAM NÃO APENAS A SOBREVIVÊNCIA DO NEGÓCIO DE MAÍRA E JANETE, MAS TAMBÉM EMPREGO E RENDA PARA OUTRAS MULHERES.

Como Maíra, outras mulheres superaram o desafio de tocar um negócio na pandemia. A pesquisa anual do IRME/RME, que ouviu 1.555 empreendedores, entre setembro e outubro de 2020, constatou que elas foram mais ágeis e eficientes ao implantar inovações durante a pandemia. As mulheres ouvidas incorporaram o digital principalmente em estratégias de comunicação e divulgação de produtos e serviços

(73%), canal de vendas (57%) e atendimento ao cliente (51%). Elas também marcaram mais presença nas redes sociais do que os homens – 72%, contra 67%.

Números semelhantes foram colhidos no ano seguinte na 11ª edição do levantamento *O impacto da pandemia de coronavírus nos pequenos negócios*, realizado pelo Serviço Brasileiro de Apoio às Micro e Pequenas Empresas (Sebrae), em parceria com a Fundação Getulio Vargas (FGV), que ouviu 7.820 donos de pequenos negócios no Brasil entre maio e junho de 2021. De acordo com a pesquisa, a maioria das mulheres (72%) recorreu à internet, redes sociais e aplicativos para vender seus produtos e serviços – caminho seguido por um percentual menor de homens (64%). Percentualmente, elas tinham um volume de vendas maior (entre 25% e 75% do faturamento) nessas transações virtuais do que os homens – 52% e 45%, respectivamente.

> TEM UM DEPOIMENTO PRA VOCÊ NA PRÓXIMA PÁGINA.

AUTOCONFIANÇA E PERSISTÊNCIA

"Quando resolvi empreender na área de saúde, muita gente me chamou de doida e sem noção. Diziam que eu era engenheira e estava entrando em uma aventura que não ia acabar bem. Mas eu insisti em estudar a telessaúde porque me parecia um campo promissor; eu sabia das dificuldades de atendimento especializado de quem vive fora de grandes centros urbanos. Nasci e cresci em uma cidade do interior, na região do pantanal mato-grossense, onde as pessoas têm pouquíssimo acesso a serviços de saúde de qualidade. Durante minhas pesquisas conheci muita gente do ecossistema de saúde, descobri que realmente era uma área bastante complexa, mas que havia uma oportunidade no segmento de psicologia. Segui investigando para ter uma base segura. Esse é o caminho. Não desistir, confiar em você, pesquisar bastante a área em que você deseja empreender. Acho que um dos pontos que podem atrapalhar o empreendedorismo feminino é a insegurança e a autoestima reduzida. Precisamos vencer essas barreiras. Precisamos acreditar que podemos. Você precisa ignorar falas desanimadoras como as que ouvi inúmeras vezes no começo. Então, o que tenho a dizer para a mulher que quer empreender é: acredite no seu sonho, acredite que você pode, que consegue dar conta."

Tatiana Pimenta é CEO e fundadora da Vittude, plataforma de terapia online que conecta psicólogos a pacientes, criada em 2016. Engenheira civil de formação, trabalhou em grandes corporações da área. Em 2015, resolveu repensar a carreira por diversos motivos, entre eles a crise no setor de construção civil, impactado pelas investigações da operação Lava Jato, que apurava uma teia de corrupção envolvendo o governo federal e empresas privadas. Experiências pessoais a fizeram olhar para a área de saúde como uma possibilidade, e assim nasceu a Vittude.

CURTIU? COMENTA!

4. SÓCIOS NA FAMÍLIA E NOS NEGÓCIOS

Oportunidade encontrada, planejamento feito, e na hora de colocar o empreendimento de pé boa parte das mulheres que tem um companheiro o inclui como sócio. Será que isso é bom? Bem, seis em cada dez empreendedoras casadas concordam que o marido desempenha um papel importante dentro do negócio, como mostrou a pesquisa anual feita pelo Instituto RME realizada entre maio e junho de 2021, com 2.736 empreendedores (313 homens e 2.423 mulheres). Mas preciso dizer a vocês que essa relação nem sempre é fácil. No levantamento, uma parcela significativa das entrevistadas apontou que o marido já sentiu ciúme do negócio (21%) ou que teve conflitos com ele por conta de sua dedicação ao empreendimento (31%). Essa relação é ainda mais delicada quando o marido é sócio da empresa. Em outra pesquisa da RME, de 2017, 35% das empreendedoras afirmaram ter um sócio, e em 60% desse total ele era membro da família.

A sociedade com o marido ocorre de diferentes formas. Porque a lei exige que a empresa tenha mais de um sócio ou para facilitar burocracias envolvendo patrimônio, algumas empreendedoras colocam o companheiro como sócio no papel, sem que ele participe efetivamente do negócio. Em outros casos, o marido entra como sócio participante mesmo.

Na pesquisa do IRME de 2021, como dissemos, em boa parte dos casos a mulher afirma que o marido, sócio ou não, está ali para apoiá-la. Mas nem sempre isso acontece. No meu contato rotineiro com as mulheres que passam pela RME, ouço relatos de relações bem complicadas. Alguns maridos, por exemplo, dizem apoiar, mas as atitudes práticas deles vão em sentido contrário. Alguns chegam até a perturbar o desenvolvimento da mulher como líder empreendedora. Já acompanhei muitas dessas situações. Perdi a conta de mulheres que deixaram de comparecer aos nossos eventos de networking alegando que o marido não gostava que elas participassem, especialmente quando acontecem à noite.

Vejo também muitos casos de mulheres com plena clareza sobre as decisões mais acertadas para o seu negócio, mas que ainda assim sentem necessidade de buscar a aprovação do marido – especialmente diante de decisões mais estratégicas para o empreendimento. Na verdade, é um resquício muito forte da construção social que estabelece papéis delimitados para o homem e a mulher. Decisão estratégica, por exemplo, seria coisa de homens. É evidente que isso é resultante da cultura machista que impacta homens e mulheres, por isso muitas empreendedoras sentem-se mais confortáveis e seguras obtendo o parecer do marido, ainda que saibam que poderiam decidir por elas mesmas. Ainda mais chocantes são as situações nas quais a mulher batalha duro para o negócio deslanchar, enquanto o marido fica no papel de coadjuvante, e muitas vezes até desmotiva a companheira. Mas, quando o empreendimento começa a dar certo, acontece um efeito reverso: ele toma a frente!

Normalmente, esse homem acaba deixando seu emprego e assumindo o negócio que ela idealizou e implementou. Simplesmente rouba o protagonismo dela. Já fiz mentoria para dezenas de mulheres nessa situação. Algumas com negócios bem estruturados, mas que, provavelmente por insegurança, acabam passando a liderança para o marido quando a empresa cresce. Foi o caso de uma empreendedora que vou chamar aqui de Maria. Ela criou um negócio na área de alimentação e batalhou por mais de dez anos até se firmar. Quando começou a registrar um faturamento anual razoável, o marido saiu de sua ocupação original, assumiu o comando da empresa e a deixou totalmente em segundo plano.

> A DEFINIÇÃO DE PAPÉIS DEVE SER CONSIDERADA PARA AS DECISÕES OPERACIONAIS DO NEGÓCIO, AS TAREFAS DO DIA A DIA.

Comecei a fazer mentoria com essa empresa nesse momento. Nas reuniões que tínhamos, era visível o quanto Maria se sentia desconfortável em falar sobre o negócio na frente do marido. Chegamos a um ponto em que ela me ligava antes da reunião para falar das ideias que tinha para a empresa, mas não conseguia expor nos encontros. Ela alegava que não queria entrar em choque com o marido, que não valia a pena criar um desentendimento por conta do trabalho. Para ela, o casamento, manter a relação familiar tranquila, era o mais importante, ainda que isso significasse transferir o protagonismo da empresa para o marido.

Acompanhei outro caso que exemplifica mais uma situação bastante recorrente, aquela em que o marido fica incomodado com o sucesso da mulher. Também vamos preservar a identidade dessa empreendedora. Podemos chamá-la de Paula. Ela desenvolveu um produto inovador. Trabalhava ao lado do marido, ele na parte operacional e ela na linha de frente, como porta-voz do negócio que idealizou. Paula procurou ajuda na RME para dar visibilidade à sua empresa, queria crescer, conquistar mercado. Era uma missão tranquila. Afinal, ela tinha nas mãos um negócio incrível. Começamos um trabalho para alavancar a visibilidade, ela passou a participar de nossos eventos e palestras, produzimos vídeos para ela falar de seu empreendimento, e deu certo! Em pouco tempo, Paula participou de reportagens nos principais órgãos de imprensa do país e ganhou prêmios. Sua empresa estava ainda mais imponente.

Então, um dia, Paula me chamou para conversar e pediu que a gente parasse de dar visibilidade a ela e à sua empresa. Não queria que a RME a indicasse para outros prêmios ou para reportagens. Disse que precisava se recolher. No primeiro momento, achei que ela tivesse tomado aquela decisão para se dedicar mais ao negócio, mas não era isso.

Confessou que seu marido não estava conseguindo lidar bem com toda a exposição que ela vinha tendo. Ele era sócio da empresa e não aparecia. Extremamente incomodado com a situação, ameaçou pedir a separação. De fato, ela nunca mais participou dos eventos da RME.

Esses casos mostram como ainda é forte essa questão da construção social da liderança como atribuição masculina, que faz com que a mulher ceda sua posição e se torne coadjuvante no negócio porque nenhum dos dois se sente bem com o fato de ela ter maior reconhecimento que ele. É verdade que há muitas mulheres que não sucumbem a essa pressão social, exigem o que lhe é de direito, e acabam até se separando. Mas ter que escolher entre o marido e o negócio é algo muito injusto. No caso da Paula, ela criou um negócio sensacional, inovador, que representa o Brasil, exporta para muitos países. Batalhou pela visibilidade de sua empresa, por sua expansão. É correto ter que sair de cena só porque o marido e sócio não sabe lidar com o sucesso dela?

SÓCIOS, SÓCIOS; CASAMENTO À PARTE

Pois é, misturar casamento e sociedade nos negócios é mesmo uma questão muito desafiadora. Por isso achei importante abordar esse tema em um capítulo. Ter um sócio em si – seja parente ou não – já é normalmente algo complexo. Especialmente no Brasil, onde culturalmente se misturam questões pessoais com profissionais. Quando a sociedade é com alguém tão próximo como o marido, complica ainda mais. Então, para evitar desgastes tanto no negócio quanto na relação pessoal, vale tomar algumas precauções já no início da sociedade.

A primeira delas é deixar bem claras as regras do jogo. Você deve comunicar de forma cristalina quais são suas expectativas em relação ao negócio e à participação de seu companheiro. Por exemplo, eu sou sócia do meu marido, mas ajustamos desde o início dessa parceria que o negócio era um sonho meu e que ele não precisava embarcar nele comigo. Se desejasse embarcar, estava definido que eu seria a protagonista do empreendimento sempre. Sem problemas. Com regras claras fica mais fácil enfrentar qualquer conflito depois.

> AS PESSOAS PENSAM QUE PORQUE ESTÃO EM FAMÍLIA TUDO DEVE FICAR SÓ NA PALAVRA, NÃO PRECISA ENVOLVER DOCUMENTAÇÃO ESCRITA.

Outra medida importantíssima é definir claramente o papel e as responsabilidades de cada um na sociedade, e tocar o dia a dia da empresa de acordo com essa definição. Atualmente, de forma geral, os maridos-sócios acabam assumindo a parte financeira do empreendimento, mas isso não deve ser uma regra. É tudo questão de avaliar habilidades e fazer o melhor para o negócio. Agora, se o seu marido é sócio apenas no papel, você não deve consultá-lo quando tiver que tomar decisões estratégicas em seu negócio. Ainda que seja uma opinião, isso cria uma relação ambígua e pode acabar gerando conflitos.

A definição de papéis deve ser considerada para as decisões operacionais do negócio, as tarefas do dia a dia. Mas as decisões estratégicas devem ser tomadas em conjunto. Por isso, sempre falo para as empreendedoras que elas precisam conhecer um pouco sobre finanças, mesmo que não gostem dessa área e a deixem a cargo do sócio. E isso não tem nada a ver com desconfiança sobre o que o marido está fazendo com as contas da empresa. É preciso deixar claro para ele. Mesmo que esse setor esteja sob a responsabilidade de seu parceiro, você precisa acompanhar. A parte financeira acaba interferindo nas outras, em decisões que precisam ser tomadas na produção, em vendas, em marketing. Se você tem um negócio de bolos, é fundamental estar por dentro dos custos da matéria-prima e de outros insumos que podem impactar seu produto final, por exemplo. São informações que você precisa ter para tomar decisões estratégicas sobre algum investimento na empresa, entre outras.

> É FUNDAMENTAL ESTABELECER TODAS AS REGRAS EM CONTRATO, POIS SOCIEDADES, ASSIM COMO CASAMENTOS, PODEM SE DESFAZER.

Enfim, se você é a líder do negócio, tem que ter uma visão mais geral de todas as áreas.

A terceira coisa a ser combinada no início da parceria é como será tratada a questão da visibilidade. Porque não são poucos os casos como o da Paula, nos quais o companheiro se sente incomodado com o sucesso da mulher. Pense um pouco: se no futuro você começar a ter uma grande exposição por conta do negócio, como ele irá encarar o fato? Falar sobre esse ponto da vaidade de cada um é algo pouco comum, mas, se existe uma sociedade, isso precisa ser colocado na mesa. Antes que provoque danos irreparáveis.

O quarto ponto é: coloque tudo no papel! Sim, estou falando de detalhes pontuados em contratos. As pessoas pensam que porque está em família tudo deve ficar só na palavra, não precisa envolver documentação escrita. Mas é fundamental estabelecer todas as regras em contrato, pois sociedades, assim como casamentos, podem se desfazer, e, nesse momento, a documentação evita desgastes desnecessários.

Acompanhei o caso de uma empreendedora que tinha um negócio bem estruturado, com 300 funcionários. Podemos chamá-la de Márcia. Ela entregou a gestão financeira da empresa ao marido, com quem tinha filhos. Incomodada com o fato de a empresa estar com muitos problemas financeiros, ela contratou um consultor para entender o que estavam fazendo de errado na gestão do caixa, ainda que seu companheiro achasse desnecessário. Bastou uma análise superficial para ver que o marido estava desviando dinheiro da empresa havia algum tempo, e o rombo já batia na casa dos milhões de reais. Resultado: Márcia divorciou-se, fechou a empresa e mergulhou em uma guerra judicial para reaver o dinheiro roubado. O ex- -marido, por sua vez, entrou com um processo alegando ser dono da metade da empresa, e não havia documento para mostrar que ele mentia.

Mas casos assim, repito, não são regra. Tomando os cuidados necessários, a sociedade com o marido pode dar muito certo. Está aí a história da empreendedora Andréa Carvalho para comprovar. Ela é CEO da empresa Papel Semente, do Rio de Janeiro, produtora de papel artesanal, ecológico e reciclável que, no processo de produção, incorpora sementes de flores, hortaliças e temperos. Assim, depois de usado, em vez de ir para o lixo, esse papel pode ser plantado e brotar verdejante. O material reciclável é coletado pela ONG Recooperar e na Papel Semente se transforma em fôlderes, crachás e convites, entre outros produtos.

Para dar vida a essa empresa, em 2009 ela se associou ao ex-companheiro, Luís Felipe Di Mare Salles, e ao atual marido, Paulo José Candian. Cada um tem um papel bem delimitado na sociedade. Andréa cuida da administração, do financeiro e das vendas. Paulo é responsável pela produção. Embora não esteja no dia a dia do negócio, Luís Felipe participa de uma reunião anual de planejamento e da prestação de contas. E, como atua no varejo, é uma espécie de garoto-propaganda dos produtos da Papel Semente (conceito, produto, case) para grandes players do mercado. Para completar o negócio familiar, o filho de Andréa e Luís Felipe (que tem o mesmo nome do pai) cuida da área de marketing. Um empreendimento familiar que vai muito bem, obrigado! Os produtos da Papel Semente atendem grandes marcas nacionais, como Coca-Cola, Grendene, Braskem, Ogilvy, Renner, Nextel e Bradesco, além de exportar para países como Alemanha e Suíça. Não tem melhor exemplo para mostrar que, quando as regras são claras, vale repetir, as coisas ficam mais fáceis e todos remam na mesma direção para fazer o negócio prosperar.

TEM UM DEPOIMENTO PRA VOCÊ NA PRÓXIMA PÁGINA.

RESPEITO E UNIÃO DE TALENTOS

"Comecei a empreender quando meu filho nasceu, há mais de 30 anos. E já fiz de tudo. Vendi salgadinhos, tive um quiosque de café, montei uma pizzaria delivery, uma casa noturna. Alguns desses negócios em parceria com meu marido, Paulo. No mais recente, além dele, temos como sócio meu ex-companheiro, Luís Felipe, pai do meu filho, que tem o mesmo nome. Aliás, foi meu filho que promoveu o encontro dos três sócios. Ele vivia comigo e o Paulo em uma chácara em Atibaia, no interior do Estado de São Paulo, e resolveu ir morar com o pai no Rio de Janeiro. Não me via longe dele e resolvemos que eu e Paulo também mudaríamos para lá. Decidimos então vender a chácara de Atibaia para montar um negócio no Rio. Em Atibaia, eu e Paulo trabalhamos por mais de dez anos em uma ONG que desenvolvia uma atividade com papel reciclável. Paulo tinha ouvido falar de uma ideia inovadora de incorporar sementes de plantas em papéis artesanais que poderiam ser plantados e germinar, e estava fazendo experiências na chácara. Então pensamos: por que não fazer um negócio nessa área? Luís Felipe, o pai, entrou com o terreno para instalar a fábrica e assim a Papel Semente nasceu, floresceu e deu frutos. Não tem briga entre os sócios? No começo tivemos divergências, mas a gente amadurece e o negócio também. Existem as diferenças, claro, mas também as complementaridades. O segredo para que a sociedade funcione bem é respeitar os talentos de cada um e não colocar nosso ego acima do negócio. É pensar que você tem uma empresa e pessoas que dependem dela, dos empregos que ela cria."

Andréa Carvalho *gosta de contar que seu espírito empreendedor vem de berço. Já aos 7 anos de idade armava uma banquinha na vila onde morava para vender retrós de linha. Depois de passar por diversos negócios, em 2009 tornou-se sócia e cofundadora da Papel Semente, no Rio de Janeiro, que produz papel reciclado, ecológico e artesanal, gerando emprego e renda para a comunidade de catadores de resíduos da região onde a fábrica está instalada.*

CURTIU? COMENTA!

5. QUANDO NASCE UM BEBÊ, NASCE UMA MÃE – E UMA EMPREENDEDORA!

Essa frase do título é um tipo de mantra que repetimos na Rede Mulher Empreendedora (RME) e expressa um movimento recorrente no universo empreendedor: a maternidade (e as mudanças que ela acarreta na vida de uma mulher) costuma ser um gatilho para o empreendedorismo. Nos vários estudos que a RME fez em parceria com o Instituto RME (IRME), cerca de dois terços das entrevistadas afirmam ter seguido o caminho do negócio próprio depois de se tornarem mães. Eu mesma me enquadro nessa estatística. Construí uma carreira em grandes corporações por quase 20 anos, mas, quando minha primeira filha estava com 5 anos, e eu ocupava um cargo executivo pelo qual tanto batalhei em uma empresa, decidi com convicção sair daquele universo e pedi demissão.

Ninguém entendeu nada na época, mas eu sabia muito bem o que estava fazendo. O que me fez dar essa guinada? Várias coisas começaram a me incomodar na carreira como funcionária de uma empresa. Uma em especial era a dificuldade de equilibrar a vida profissional com a familiar. A chegada dos filhos na vida de uma mulher torna essa dificuldade evidente; tentamos equilibrar pratos que vivem caindo, por mais que a gente se esforce. Minha história é bem interessante, porque recebi o convite para assumir um posto executivo no último mês de gravidez da minha primeira filha, quase às portas da maternidade. Quando ela nasceu, ainda em licença-maternidade, dividia meu tempo como podia e, entre uma troca de fraldas e outra, enviava orientações para minha equipe remotamente. Fazia realmente tudo o que estava ao meu alcance, mas após dois meses meu superior pediu que eu voltasse, pois ele estava muito sobrecarregado. E assim foi. Abreviei a licença-maternidade, amamentava minha filha e corria para a empresa para mais um dia de trabalho. Eu ocupava uma gerência na área de publicidade e varejo, um setor que exige muito tempo e empenho. Depois de dois anos, não aguentava mais e pedi transferência para um novo setor em implantação, de gestão de relacionamento. Foram quatro anos estruturando a área, que começou com três funcionários, fazendo atendimento no call center, e chegou a uma equipe de 120 pessoas nessa posição.

> A MATERNIDADE (E AS MUDANÇAS QUE ELA ACARRETA NA VIDA DE UMA MULHER) COSTUMA SER UM GATILHO PARA O EMPREENDEDORISMO.

Não sei se essa insatisfação com o equilíbrio entre o trabalho e a família aguçou meu descontentamento, mas o fato é que algumas situações de discriminação que sempre vivi ao longo da carreira começaram a me incomodar ainda mais. Por exemplo, a maneira como eu era tratada nas reuniões. Nunca tinha me dado conta, mas, invariavelmente, eu era a escolhida para fazer a ata das reuniões. No grupo de executivos da área de marketing eu era a única mulher, e isso apenas me fazia pensar que podiam achar que eu era mais cuidadosa, sei lá. Será que era isso mesmo? Ou o fato de eu ser mulher os levava a me olharem como uma secretária deles? Claro que a função de secretária é coberta de toda a dignidade e profissionalismo, não haveria negócio sem elas. Mas, naquela situação, esse ato era evidentemente uma discriminação de gênero – na cabeça deles, mulheres são naturalmente secretárias, e são assistentes deles.

Com minha história quero mostrar como, em geral, o mundo corporativo não se esforça para acolher, respeitar e apresentar soluções para as necessidades de uma mulher, especialmente quando ela se torna mãe. Por isso é perfeitamente compreensível as mulheres pensarem no empreendedorismo como um lugar em que possam ter mais respeito e equilíbrio entre a vida pessoal e a profissional. Já foi pior, é verdade. Uma vizinha que está na faixa dos 70 anos me conta muitas histórias de um tempo ainda mais terrível. Ela foi secretária em uma grande indústria nos anos 1970 e diz que, naquela época, quando a mulher se casava tinha que deixar o emprego. O convite de casamento era praticamente uma carta de demissão. A empresa só admitia em seus quadros as solteiras, porque casar significava ter filhos e baixar

> **FELIZMENTE, E DEPOIS DE MUITA LUTA, JÁ AVANÇAMOS MUITO NA CONQUISTA DE NOSSOS DIREITOS.**

a produtividade. Além disso, poucos sabem, mas até a promulgação da atual Constituição Brasileira, em 1988, a mulher casada precisava de autorização do marido para trabalhar. Embora essa autorização fosse presumida, o marido tinha o direito legal de não aceitar que sua esposa trabalhasse.

Felizmente, e depois de muita luta, já avançamos muito na conquista de nossos direitos, mas ainda tem muito o que melhorar para que a mulher seja absorvida e respeitada no ambiente corporativo com o seu pacote completo, família e filhos – um pacote que, na verdade, precisa da atenção de toda a sociedade. Ou a humanidade segue sem que crianças nasçam e precisem ser cuidadas, sem que as pessoas precisem dedicar parte de seu tempo à sua vida privada e sua família? Isso vale para homens e mulheres, e as empresas precisam lidar com esse traço da humanidade.

Mas, voltando ao nosso tema central, essa mulher pensa: meu negócio, minhas regras! Ela enxerga a empresa própria como um território onde é realmente possível conciliar maternidade e atividade profissional. Nas redes sociais vejo muitas influenciadoras e blogueiras que são mães e empreendedoras propagando essa crença. Reforçam aquela imagem da mãe cuidando do negócio em casa com o filho no peito, como se fosse muito fácil fazer isso. Passam a sensação de que conseguem fazer tudo ao mesmo tempo na maior tranquilidade – aqui entre nós, eu acho isso péssimo. É tão enganoso quanto as celebridades que aparecem dias depois de saírem da maternidade com o corpo perfeito e cheias de energia! Pessoal, tem uma pegadinha nesse universo do glamour, e ela vende a ideia de que o empreendedorismo é uma forma de trabalhar menos e finalmente poder ter tempo livre para si mesma e para os filhos. Eu queria muito que alguém tivesse me avisado que não é bem assim quando eu comecei a empreender, até para saber onde estava me metendo.

Por isso, agora posso ajudar outras mulheres esclarecendo esse ponto. E vou jogar a real: imaginar que vai trabalhar menos em um negócio próprio é uma grande ilusão. Pelo contrário. Para colocar um negócio em pé é preciso dedicar bastante tempo e energia, principalmente se, como a maioria, você se lançar nessa empreitada sozinha. No estudo anual da RME e IRME de 2021, apenas 17% das entrevistadas tinham sócios e 56% não contavam com funcionários. Como você pode ver, empreender não é o mundo dos sonhos que costumam vender. Não é uma corrida de curta distância, é uma maratona com obstáculos, que requer da empreendedora um ritmo constante e persistente. Mas é um esforço repleto de possibilidades. Não me arrependo de ter tomado esse caminho, pois tem sido uma jornada rica em aprendizados, que me ajudaram a conhecer muito sobre as mulheres, o empreendedorismo e a liderança feminina. E se, por um lado, exige horas de dedicação, por outro, traz o ganho incontestável da flexibilidade para organizar o tempo dedicado à família e ao negócio de acordo com a rotina desejada pela empreendedora. É algo que não existe no ambiente corporativo, onde vigoram regras rígidas, com horário de entrada e saída, da pausa para almoço. Quando o negócio é seu, você pode ter, enfim, uma agenda personalizada, equilibrando melhor seus afazeres ao longo do dia, da semana. Muitas vezes, por exemplo, entro nas minhas redes sociais para responder mensagens ou atualizar posts lá pelas 11 horas da noite. Faço isso reclamando? Não. É o momento do dia em que estou mais tranquila e posso me dedicar a isso. Antes de me sentar diante da tela para essa tarefa, porém, eu percorri um dia repleto de outros afazeres.

Para uma parcela de mães empreendedoras o negócio próprio é uma forma de retornar ao mercado. A pesquisa *Licença-maternidade e suas consequências no mercado de trabalho do Brasil*, da Fundação Getulio Vargas (FGV), mostrou que quase metade das mulheres que tiram licença-maternidade está fora do emprego após dois anos. Segundo o estudo, a maioria das demissões se dá por iniciativa do empregador, mas existe uma parcela de mulheres que pedem o desligamento porque, ao fazer as contas do que irão gastar para terceirizar os cuidados com o filho (creche, babá), verificam que não compensa. O negócio próprio é de fato uma forma de transpor essa dificuldade.

Foi o caso da empreendedora Juliana Martins, CEO e fundadora da Fico com a Cria, agência que conecta babás a mães que precisam trabalhar. Antes de empreender, Juliana tentou continuar em um emprego formal sem sucesso. Com a filha pequena, perdeu oportunidades por não ter com quem deixá-la. Como 58% das entrevistadas na pesquisa de 2019 da RME e IRME, a "sede" da empresa era a própria casa, o que adiciona um desafio extra de se disciplinar para que o tempo da mãe não invada o tempo dedicado ao trabalho ou vice-versa. Logo ela percebeu que a agência exigia dedicação full time, especialmente quando precisava fazer algum treinamento. No início, a sensação era a de que teria que trabalhar 24 horas por dia para dar conta de tudo. Depois, aprendeu a estabelecer limites: cuida da casa e da filha na parte da manhã e se concentra no negócio à tarde. Não trabalha mais nos finais de semana e procura atender aos chamados dos clientes apenas no horário comercial. Contar com uma rede de apoio também foi fundamental. Ela voltou a morar na casa do pai, em um condomínio com espaço para a filha brincar em segurança. De vez em quando até encontra um tempinho para dar uma paradinha no trabalho e assistir a um desenho animado na TV com a filha. Esses respiros, segundo Juliana, são importantes também para ela. Recarregam as energias e deixam a jornada mais leve. Quando a empresa começou a crescer, também resolveu que precisava de uma sócia. Assim, Fernanda Rinaldi entrou para o negócio.

Todos esses fatores contribuem para que a maternidade seja um gatilho para a mulher empreender. Mas não é o único. As pesquisas da RME e IRME mostram que as empreendedoras são mais movidas por um propósito do que pelo dinheiro quando decidem abrir um negócio. Elas querem trabalhar em alguma coisa que faça sentido, que traga uma satisfação pessoal, que contribua para melhorar a comunidade em que estão inseridas. E, nesse sentido, acho que as empresas são ambientes hostis. Às vezes me pergunto: se as corporações oferecessem às mulheres a oportunidade de trabalhar com seu propósito, com horários mais flexíveis, em um ambiente acolhedor, será que elas trocariam isso pelo negócio próprio? Fica a reflexão.

SER A MÃE POSSÍVEL

Penso que esse movimento de a mulher resolver empreender quando se torna mãe também está muito ligado à imagem idealizada da maternidade. É aquela história da supermãe, a gente se cobrando que deve dar conta de tudo, estar presente sempre na vida dos filhos, acudir ao menor chamado. O que, em parte, é reflexo da cobrança da sociedade. Quando comecei a empreender e frequentava eventos noturnos do setor, em que eu continuava a ser a única mulher entre homens, era comum ouvir daqueles que sabiam que eu tinha filhos a pergunta sobre com quem eu tinha deixado as meninas. Com certeza outros ali eram pais, mas ninguém perguntava isso a eles. Esse questionamento não é feito aos homens, é uma pergunta direcionada apenas às mulheres porque, no senso comum, a tarefa de cuidar de filhos é das mães.

Esse é um peso muito grande sobre as costas das mulheres em geral e das empreendedoras em particular, que, como já vimos, têm que trabalhar duro para colocar o negócio em pé. Por isso, precisamos desmistificar essa imagem fofinha da mãe maravilhosa, que está sempre ali para dar conta de tudo, que está ali pelos seus filhos o tempo inteiro. Temos que ser a mãe possível. Parar de sofrer com cobranças internas e externas, que estão por toda parte. Quer um exemplo clássico? O grupo de WhatsApp das mães da escola dos filhos. Para mim, esse sempre foi um dos grupos mais difíceis de lidar. Acompanhando as mensagens, eu sempre sentia aquela pontada de culpa por não ser a mãe mais perfeita, que fazia coisas manuais, mandava os lanchinhos mais legais. Na lancheira de minhas filhas ia sempre bisnaguinha, suco de caixinha e bolacha de pacote. Sempre me culpei porque, muitas vezes, na correria, tinha que fazer macarrão instantâneo (com brócolis para a consciência pesar menos) para as refeições em casa.

Com todo esse peso de que temos que dar conta de tudo, o que mais vejo são mulheres desanimadas. Elas falam: "Puxa, quando resolvi abrir um negócio próprio para conciliar a vida pessoal e a profissional achei que ia ser tão mais fácil...". Não são raros os casos das que se mostram absolutamente frustradas. Para mim, só há um jeito de combater essa sensação e preservar nossa saúde emocional e mental: acabar com esse mito de que mulher tem que dar conta de tudo. Vamos falar mais sobre essa equação difícil de fechar no próximo capítulo, que aborda as muitas tarefas femininas e a gestão do tempo.

TEM UM DEPOIMENTO PRA VOCÊ NA PRÓXIMA PÁGINA.

MÃE QUE AJUDA MÃES

"Tive minha filha aos 19 anos e o pai dela foi assassinado dois meses depois do parto. Morava com meu pai e um irmão e vivíamos sempre com muita dificuldade financeira. Com uma filha pequena, não consegui voltar a estudar, mesmo tendo sido aprovada em duas universidades federais, no curso que tanto sonhava fazer. Como mãe solo, tinha dificuldade de voltar ao mercado de trabalho. Comecei a trabalhar aos 16 anos como vendedora, era comunicativa e me saía muito bem. Nas entrevistas de emprego, as pessoas gostavam de mim, mas, quando sabiam que tinha uma filha pequena, não me contratavam. Tentei empreender nessa área, vendendo bijuterias, roupas, produtos sensuais. E trazia na cabeça aquela história de que, para dar certo, o negócio tinha que resolver uma dor das pessoas. Então, inspirada pelas dificuldades que enfrentei para voltar ao trabalho, com a falta de uma rede de apoio para cuidar de minha filha, pensei em criar um negócio para apoiar mães que passavam pela mesma situação. Comecei com uma página no Facebook e rapidamente os clientes apareceram! Também outras pessoas me procuraram querendo trabalhar comigo. Então, veio a ideia: por que não montar uma agência? Mas dei umas cabeçadas antes de a empresa emplacar. No começo, contratei pessoas para fazer site, gastei dinheiro com panfletos de propaganda, tinha pressa para fazer a empresa ser conhecida. Mas percebi que é mais importante saber modelar o negócio, planejar direitinho e ter certeza de que ele está pronto para emplacar no mercado. Às vezes ele só está redondinho na nossa cabeça. Fiz e ainda faço cursos de capacitação para empreendedores, que me ajudam muito. Também resolvi aceitar uma sócia, a Fernanda Rinaldi, que se identificou com o negócio. Assim podemos dividir melhor as responsabilidades e tarefas de selecionar babás, fazer contato com as famílias e a gestão financeira. Estamos atentas às necessidades de nossas clientes. Tanto que, em 2020, notamos a angústia de muitas mães que, por conta da pandemia, além de trabalhar e de cuidar da casa, tinham que acompanhar as aulas online dos filhos. Então montamos uma equipe de pedagogas para oferecer esse serviço de acompanhamento. A profissional poderia ficar com a criança durante as aulas ou chegar depois para repassar o que foi ensinado ou ajudar nas lições de casa. A Fico com a Cria também tem uma cota de horas de atendimento para doar a mães de baixa renda que não podem pagar pelo serviço, assim conseguimos atender todas as classes sociais. Estamos sempre pensando em como melhorar os nossos serviços. Agora, queremos estruturar o negócio para a expansão, pensando em franquia."

Juliana Martins *é sócia da Fico com a Cria, uma agência de babás com duas missões. De um lado, oferece um quadro com 700 profissionais qualificadas para cuidar dos filhos das mães que precisam trabalhar fora. De outro, faz a seleção e promove a capacitação de mulheres que buscam uma oportunidade de renda.*

CURTIU? COMENTA!

— PÁGINA 95

6. ESTAMOS SEM TEMPO OU SOBRECARREGADAS?

Pode apostar na segunda alternativa. Sim, as empreendedoras não conseguem escapar da fatal dupla jornada das mulheres, e estão sempre sobrecarregadas com o acúmulo de atividades domésticas e profissionais. O que mais ouço são comentários do tipo: "Não dou conta de tantas coisas", "Meu dia não rende o suficiente", e por aí vai. Os níveis de cansaço e a ansiedade dessas mulheres estão nas alturas, e isso fica claro nas pesquisas anuais que fazemos. Em 2021, 54% das entrevistadas admitiram a sobrecarga e mais de dois terços delas concordaram que os cuidados com a casa e a família têm mais reflexos na condução que elas fazem dos negócios do que no caso dos homens.

A questão é que, ao sair do universo doméstico para conquistar nosso espaço no mundo dos negócios, ainda arrastamos todas aquelas tarefas que a sociedade coloca na conta das mulheres. De acordo com a segunda edição do estudo *Estatísticas de gênero: indicadores sociais das mulheres no Brasil*, do Instituto Brasileiro de Geografia e Estatística (IBGE), afazeres domésticos e cuidados com a família consomem 21,4 horas semanais das brasileiras – praticamente o dobro do tempo que os homens dedicam a isso. É fácil entender esses números: a maior parte do trabalho não remunerado é realizada por mulheres. O cuidado com a casa, os filhos, os idosos, os doentes, tudo recai sobre elas. E são atividades essenciais porque garantem o bem-estar das comunidades, da sociedade em geral e as condições para o desenvolvimento da economia. Isso tem um valor enorme. O estudo *Tempo de cuidar: o trabalho de cuidado não remunerado e mal pago e a crise global da desigualdade,* feito pela ONG Oxfam, com sede na Inglaterra, dá uma ideia desse valor. Na edição de 2019, ele mostrou que 75% do trabalho de cuidados não remunerados do planeta era de responsabilidade feminina. Esse esforço invisibilizado, segundo os cálculos da Oxfam, agrega em torno de US$ 10 trilhões todo ano à economia global – um valor três vezes maior do que o estimado para a indústria de tecnologia mundial!

Para completar, tem aquela imagem de super-heroína atribuída a nós (e que aceitamos) cobrando o tempo todo que a gente dê conta de tudo: "Ah, você é guerreira, multitarefas, consegue fazer tudo e bem!". Por trás de todos esses elogios vem a autocobrança, que é ainda pior que a da sociedade. Isso está tão entranhado em nós que também já operamos no automático com essa ideia de abarcar o mundo. Quer ver? Já ouvi uma história com a qual me identifico vinda de muitas mulheres que podem pagar uma pessoa para ajudar na limpeza da casa. Elas dão uma geral nas coisas no dia anterior à faxina para que

> DOMINE O SEU TEMPO. NÃO ADIANTA BRIGAR COM O RELÓGIO, O SEU DIA NÃO VAI AUMENTAR.

a diarista não encontre a casa tão bagunçada. Não é uma coisa de doido? Você paga alguém para fazer o serviço, mas já adianta a arrumação um dia antes por autocobrança! Eu mesma já me peguei muitas vezes fazendo isso. Para você ver o quanto é forte essa construção social da imagem da mulher perfeita, a que resolve tudo.

Mas tem saída. O primeiro passo é desconstruir essa imagem da mulher-maravilha. Ninguém é perfeito, eu e você somos seres humanos, temos falhas. Essa imagem da mulher que dá conta de tudo é uma cilada, só nos atribui culpa e gera mais ansiedade, mais estresse, abala nossa saúde emocional e mental. Portanto, seja empreendedora ou funcionária remunerada, precisamos virar esse jogo, trocar o figurino da super-heroína pelo da mulher possível. Adotar algumas medidas no dia a dia também ajuda.

Quem me conhece sabe que não gosto dessa história de fórmulas mágicas. Mas algumas atitudes e mudanças em nossa rotina podem ajudar a equilibrar melhor a relação com nossas tarefas e responsabilidades. Vou falar aqui de algumas que funcionam para mim. Há muitas outras, mas começar com essas já é muito bom.

Domine o seu tempo. Não adianta brigar com o relógio, o seu dia não vai aumentar. Pense que ele só tem 24 horas – e nesse período é preciso descontar as horas de sono, que são essenciais para que na manhã seguinte você acorde com o pique necessário para uma rotina cheia de coisas para fazer. Portanto, a saída é fazer uma boa gestão do tempo disponível. Planejamento é a palavra-chave. Comece montando uma lista de tudo o que precisa ser feito, numa agenda, numa folha de papel ou numa planilha, o que for mais fácil para você. O importante é dar visibilidade aos afazeres. Cuidado para não colocar mais tarefas do que você pode dar conta! Não se esqueça de incluir os prazos e as metas de cada atividade, porque isso mantém o foco, mas seja realista para evitar frustrações. Um erro comum é subestimar o tempo que cada tarefa tomará. No caso daquelas mais habituais, fica mais fácil porque você pode fazer uma cronometragem básica. Para as que são novidade,

> ALGUMAS ATITUDES E MUDANÇAS EM NOSSA ROTINA PODEM AJUDAR A EQUILIBRAR MELHOR A RELAÇÃO COM NOSSAS TAREFAS E RESPONSABILIDADES.

faça uma estimativa de tempo com base em atividades similares que já fez. Quando finalizar um compromisso, pinte-o de outra cor (verde, por exemplo). Faça o mesmo com as tarefas atrasadas ou em espera.

> ALÉM DE ORGANIZAR A AGENDA, MANTER O FOCO NO PLANEJAMENTO NOS AJUDA A DOMINAR A ANSIEDADE

Outra questão importante nesse planejamento é aprender a diferenciar o que é urgente do que é importante. Nossa tendência é focar nas questões urgentes, que acabam consumindo nosso dia, e deixar as importantes de lado. Feita essa classificação, organize as prioridades de acordo com a ordem de importância e o nível de urgência. Primeiro se dedique às tarefas mais importantes e mais urgentes. Em seguida, às mais importantes, mas nem tão urgentes. Depois, resolva as urgentes, mas não tão importantes. Deixe para o fim da fila aquelas que não são importantes nem urgentes. Estabelecer essa hierarquia também poderá ajudar você a definir aquelas tarefas que pode delegar, pois são menos importantes. Além de organizar a agenda, manter o foco no planejamento nos ajuda a dominar a ansiedade.

Aceite (e peça!) ajuda. Vamos falar a verdade: temos muita dificuldade de pedir ajuda, somos geralmente muito centralizadoras. Mas precisamos admitir, de uma vez por todas, que ninguém faz tudo sozinho. Qual o problema de contar com uma rede de apoio? Crie uma e aceite ser ajudada por marido, familiares, amigos próximos. Veja com quem você pode contar para, por exemplo, levar e buscar os filhos da escola. Ah, e em casa, não caia na cilada de que companheiros e maridos "ajudam". O verbo certo, nesse caso, é "dividir", porque a responsabilidade pelas tarefas também é deles. Outra coisa: é preciso aprender a delegar. Passar adiante aquelas tarefas urgentes, mas não tão importantes, sobre as quais falamos acima. E por que digo que temos que aprender? Porque delegar exige treino. Temos a mania de querer controlar tudo, de querer que as coisas saiam sempre do nosso jeito. E, acredite, ninguém faz nada igual a outra pessoa. Delegar uma tarefa para alguém

significa aceitar que a pessoa vai fazer do jeito dela, no tempo dela. E tudo bem que seja assim. É preciso aceitar isso e valorizar o trabalho dela. Com isso, evitamos estresse e cada um realiza sua atividade da melhor maneira possível.

Muitas mulheres também têm um certo pé atrás com essa ideia de delegar tarefas. Quando fazemos isso, a imagem que vem à nossa cabeça é o que chamo de "delargar", é como se a gente largasse o assunto e isso traz um sentimento ruim, um incômodo, como se estivéssemos perdendo o controle da situação. Mas, acredite, não precisa encarar dessa forma. Mesmo passando a tarefa para alguém e dando a essa pessoa a responsabilidade de executá-la, você pode (e deve) acompanhar o andamento e esclarecer dúvidas, se necessário.

> DELEGAR UMA TAREFA PARA ALGUÉM SIGNIFICA ACEITAR QUE A PESSOA VAI FAZER DO JEITO DELA, NO TEMPO DELA.

Aproveite tudo da tecnologia.
Eu não vivo sem minha agenda digital. Coloco todos os meus compromissos nela. Também tenho o hábito de digitalizar todos os meus documentos, atualizados, e deixar numa pasta do Google Drive. Assim, quando preciso posso acessar de qualquer lugar. Isso facilita muito minha vida e evita perder tempo. Não sou aquela pessoa que vive em função da tecnologia, mas uso as ferramentas que ajudam a facilitar o meu dia a dia e a não ficar totalmente maluca com tudo o que tenho que fazer.

As agendas digitais também ajudam com os alertas para que você não esqueça os compromissos. Muitas dessas ferramentas são gratuitas, como a Google Agenda. E pode ser acessada em qualquer lugar pelo celular. Se você trabalha com uma equipe, existem também ferramentas para organizar e distribuir tarefas, como o Trello, que pode ser usado em computador, tablet ou smartphone. Outro instrumento que ajuda muito no dia a dia, especialmente para a comunicação instantânea e para resolver pendências, é o WhatsApp. Em vez de perder tempo em uma ligação ou mandando e-mail, você esclarece dúvidas e consegue as informações de que precisa para tomar uma decisão urgente em tempo real com a ajuda dessa plataforma de comunicação.

Muitas empreendedoras estão descobrindo as facilidades da tecnologia para organizar os seus negócios e ganhar eficiência. De acordo com a pesquisa RME/IRME 2021, a maioria das entrevistadas (63%) controla as entradas e saídas de dinheiro de seu negócio com planilhas de Excel, extratos bancários ou do internet banking, aplicativos de celular ou softwares de gestão financeira. Mas ainda existe uma parcela grande que faz esse controle em bloquinhos de notas (37%), de cabeça (8%) ou simplesmente não fazem qualquer controle (16%). Portanto, esse é um item que faço questão de mencionar. Ele não apenas alivia a sobrecarga da mulher, mas facilita e torna mais eficiente a gestão do negócio.

Autocuidado não é egoísmo. Na organização de sua agenda, a empreendedora não pode esquecer de reservar espaços para si mesma. Sim, temos uma dificuldade enorme de pensar em nosso bem-estar, em nosso autocuidado. É comum acharmos que não tem sentido priorizar a si mesma em vez dos filhos, da casa e também do negócio. Relacionamos o autocuidado a uma certa dose de egoísmo – mas não é nada disso. É questão de sobrevivência. Precisamos estar bem, com a saúde emocional, mental e física em dia para dar conta de toda essa carga de atividades que temos, das cobranças e pressões sociais que sofremos.

Podemos começar a cuidar de nós mesmas adotando todas essas providências que listei acima, mas há ainda atitudes simples no dia a dia que rendem grande efeito. Por exemplo, fazer pequenas pausas estratégicas em sua rotina atribulada, seja para dar uma alongada no corpo (especialmente importante para quem passa muito tempo sentado concentrado em uma tarefa), seja para tomar uma água, um cafezinho, dar uma respirada mais profunda. Outra medida importante é normalizar o não. Se você está vendo que não dará conta de algo que alguém lhe pede, recuse-se a fazer. Você não precisa pautar sua vida pela expectativa das outras pessoas. Precisamos, sim, priorizar, agradar e cuidar de nós mesmas. Outra estratégia é não ficar comparando nossas conquistas ou fracassos com os de outras pessoas. Cobrar menos de nós mesmas. Precisamos entender que medida de sucesso é individual, não tem sentido usar a régua dos outros para determinar sua vida.

> NA ORGANIZAÇÃO DE SUA AGENDA, A EMPREENDEDORA NÃO PODE ESQUECER DE RESERVAR ESPAÇOS PARA SI MESMA.

Tenho um ótimo exemplo de alguém que sabe organizar a rotina do negócio e da vida pessoal. Colaboradora de longa data da RME, Heloisa Motoki já compartilhou muito de sua experiência empreendedora com as mulheres que seguem o site da RME. Ela é dona da Quali Contábil, um escritório de contabilidade, e administra uma equipe de 10 pessoas. Sua mais importante ferramenta para planejar as atividades é a tecnologia. Ela coloca todos os compromissos em agendas eletrônicas, codificados por assunto, datas e horários. E compartilha essa agenda com o celular. Tem um e-mail para questões do dia a dia e outro só para as coisas urgentes que ela não pode deixar passar. Aliás, a organização de sua caixa de mensagem sempre limpa é um dos pontos fundamentais. Dessa forma, ela pode dar os retornos com maior agilidade. Outro recurso muito esperto que utiliza é manter algumas respostas prontas para assuntos que demandam o mesmo retorno.

Contabilidade é uma área que lida muito com prazos. Não pode haver furos. Por isso, ela organiza bem não apenas as atividades dela, mas também as da equipe, para que nada atrase. Quando é possível, até adianta alguns processos, para prevenir atrasos com imprevistos. Usar a tecnologia para se conectar com a equipe é fundamental. Cada um toca sua área, mas Heloisa tem o backup de todos a seu alcance. Assim, se algum funcionário tiver um problema e precisar se ausentar, ela não terá que sair correndo atrás das informações do setor que estava com ele. Outro recurso que Heloísa usa bastante para se organizar é o sistema de alarmes. Ela programa o despertador do celular para avisar sobre os horários dos compromissos mais importantes. É uma ideia interessante porque, muitas vezes, a gente mergulha em uma tarefa e nem percebe o tempo passar. Como você pode ver, não faltam recursos para gerenciar melhor sua agenda. Mas isso, como procurei deixar claro aqui, não significa que você tem que abarcar o mundo. Lembre-se: seja a mulher possível.

> TEM UM DEPOIMENTO PRA VOCÊ NA PRÓXIMA PÁGINA.

A REDE DE APOIO ME AJUDOU A DAR CONTA

"Iniciei minha empresa em 2010, ainda conciliando com o emprego com registro em carteira. Dois clientes vieram me procurar com a necessidade de ter o atendimento de contabilidade de forma diferenciada, não queriam ser atendidos pelo escritório em que eu trabalhava. Achavam tudo grande e caro demais para suas necessidades, queriam me ver por perto acompanhando e orientando como contadora. Aceitei o desafio mais como uma relação de amizade do que propriamente de negócio. Mas, no ano seguinte, com a solicitação de possíveis novos clientes, pedi demissão e assumi meu lado empreendedora. Por três meses trabalhei em home office, me dividindo entre os cuidados com as crianças e o empreendimento. Fiz um trato comigo mesma. Das 8h às 18h eu era da empresa. Não adiantava pedir nada para mim. Na época eu era casada, tinha uma filha pequena, a Letícia, hoje com 17 anos, e um bebê, o Jonathan, hoje com 11 anos. Como não tinha empregada, apenas uma faxineira que vinha a cada 15 dias, as tarefas de casa eram feitas à noite e no fim de semana, divididas com meu marido. Para cuidar das crianças, eu contava com uma rede de apoio. Elas ficavam na casa de uma amiga de minha sogra que meus filhos consideravam uma avó. Minha cunhada pegava os dois no final do dia e os deixava em casa. Ela também adiantava o jantar e me socorria quando eu precisava agendar alguma reunião fora do expediente ou algum evento, situação bem comum com pessoas que estão na fase inicial de empreender e têm emprego formal. Com o volume de documentos de clientes crescendo em casa, já interditando parte do quarto das crianças, aluguei uma salinha de 36 metros quadrados para colocar a empresa. Ter um espaço fixo para a Quali ajudou nas atividades do escritório. Com o tempo, e as crianças crescendo, a empresa passou a ser um espaço delas também. Elas estudavam de manhã e começaram a ficar comigo no período da tarde, aproveitavam para fazer a lição e estudar na mesa de reunião. Quando mudei para um escritório maior, fiz um cantinho delas, onde podiam fazer as lições, brincadeiras (desde que não muito barulhentas) e um curso de desenho. Além da separação de espaço físico entre casa e trabalho, outras medidas me ajudaram na conciliação da vida pessoal e profissional. Um exemplo: deixo o celular desconectado das mensagens das 21h às 8h. Porque, se eu olhar e verificar que tem alguma pendência, vou acabar entrando para resolver. Se for algo urgente, a pessoa liga. Foi uma trava que adotei para não ficar atrelada ao trabalho o tempo todo, dando retorno assim que chega a demanda. O mesmo acontece quando dou uma fugida com as crianças no meio da semana, em horário de trabalho, para levá-las a algum evento, como uma exposição de livros ou de desenhos. Já aviso que se o celular tocar com alguma coisa do trabalho eu vou ter que atender. E tudo dá certo."

Heloisa Motoki *está há mais de 20 anos no mercado de contabilidade e há 11 abriu o próprio escritório, o Quali Contábil, onde atua com uma equipe de dez pessoas atendendo pequenas e médias empresas em São Paulo. Também colabora como diretora administrativa e financeira da Rede Mulher Empreendedora (RME) e é consultora especial no site Fórum Contábeis.*

CURTIU? COMENTA!

— PÁGINA 111

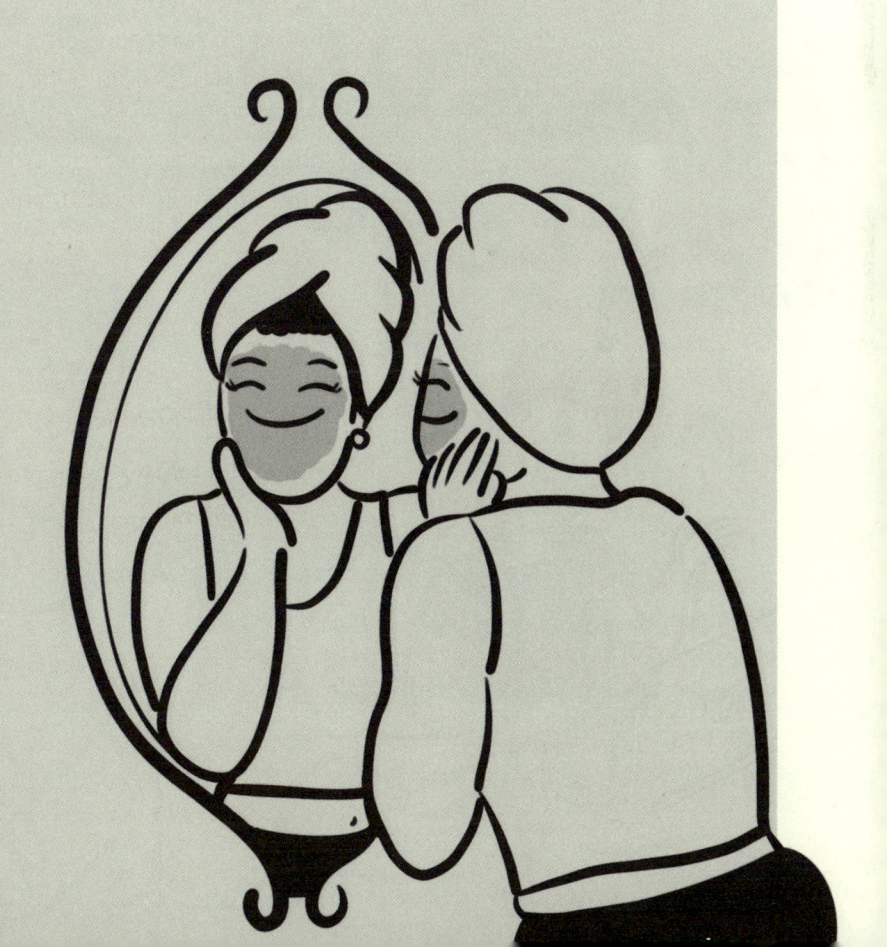

COMO JUNTAR COM SUCESSO ESSES DOIS MUNDOS

INQUIETAÇÃO
CONHECIMENTO
RESILIÊNCIA
PROPÓSITO

7. SOB NOVA DIREÇÃO: O ESTILO DA MULHER NO COMANDO

Apesar de "minorizadas" em direitos e oportunidades, numericamente somos maioria no planeta e no Brasil. De acordo com a *Pesquisa Nacional por Amostragem de Domicílios (PNAD) Contínua* de 2019, a população brasileira é composta por 51,8% de mulheres e 48,2% de homens. Ou seja, somos mais da metade, quase 52% da população! Mas estamos longe de atingir a paridade nos espaços de poder. E isso inclui os locais de trabalho, onde o que impera ainda é a liderança masculina, como mostra a segunda edição do estudo *Estatísticas de gênero: indicadores sociais das mulheres no Brasil*, feito pelo Instituto Brasileiro de Geografia e Estatística (IBGE). Segundo esse levantamento, em 2019, 62,6% dos postos gerenciais eram ocupados por homens e 37,4% por mulheres. O estudo anual da Rede Mulher Empreendedora (RME) e Instituto RME (IRME), analisando dados da PNAD Contínua do primeiro trimestre de 2021, mostra que avançamos um tiquinho e ocupamos 41% dos cargos de diretores e gerentes – contra 59% dos mesmos postos ocupados pelos homens. Ou seja, ainda tem chão para atingirmos a paridade.

Provavelmente esse é um dos mais fortes motivos para as mulheres buscarem cada vez mais o empreendedorismo: o mundo corporativo ainda é moldado e liderado por homens, o que torna os ambientes menos amigáveis e até hostis para as mulheres, especialmente quando se tornam mães. E temos que continuar batalhando para mudar esse quadro. É uma questão de inclusão, equidade, justiça social. Sou mulher, tenho mais de 50 anos, sou de origem nordestina, negra, cresci em periferia e gostaria de ter as mesmas oportunidades do homem branco que nasceu na classe média e teve melhores condições para se desenvolver e crescer profissionalmente. Será que não temos 50% de mulheres com capacidade, competência e preparo para assumir cargos de liderança nas grandes corporações? Claro que temos! Somos competentes, sim, e bem formadas – estão aí dados do IBGE que mostram que, na faixa dos 25 a 34 anos, 25,1% das mulheres possuem nível superior completo, contra 18,3% dos homens. Por que ainda somos preteridas nesses espaços de poder? São diversos os fatores.

Só muito recentemente as mulheres começaram a conquistar o reconhecimento de seus direitos. E existe toda uma cultura que precisa mudar, coisa que acontece muito lentamente. Por exemplo, somos ainda minoria na área de STEM (a sigla em inglês para carreiras em Ciência, Tecnologia, Engenharia e Matemática), que reúne as profissões mais valorizadas e com melhores salários. De acordo com a segunda edição do estudo *Estatísticas de gênero*, do IBGE, as mulheres representavam apenas 13,3% das matrículas em cursos de graduação na área de Computação e Tecnologia da Informação e Comunicação e 21,6% em Engenharia. Um contraste se pensarmos que em cursos da área de cuidado e bem-estar, ligados a profissões com remunerações mais modestas, estamos em peso – em Serviço Social, por exemplo, a presença feminina é de 88,3%.

> TER MAIS MULHERES EM AMBIENTES DE COMANDO NÃO É APENAS O RECONHECIMENTO DE QUE NÓS PODEMOS ESTAR NESSE LUGAR, TEMOS CAPACIDADE PARA ISSO E MERECEMOS.

E por que não estamos mais presentes nas carreiras do STEM? Porque a sociedade não sinaliza para as meninas desde cedo que existe essa possibilidade, que é um campo no qual elas podem adentrar e se desenvolver. É muito comum presentear os meninos com bloquinhos, coisas de montar, jogos que desenvolvem a inteligência e o raciocínio lógico. E para as meninas dão o quê? Coisas de casinha, de boneca, de cuidado. É um problema dar esses brinquedos para as meninas? Não. Mas por que não promover um intercâmbio, dando também brinquedos e brincadeiras relacionadas a cuidados para os meninos e os que desenvolvem raciocínio lógico para as meninas? Esse é o ponto, precisamos mostrar para ambos os sexos, desde a infância, que não tem lugar certo ou errado. Tem, sim, o lugar onde a pessoa quer e gosta de estar, o ambiente onde ela se enxerga e se sente bem.

Ou seja, precisamos começar melhorando a educação para criar meninos e meninas para serem qualquer coisa que eles queiram ser na vida. Não ficar elogiando as garotas só por serem fofas, queridas, maravilhosas. Mas também pela inteligência, pela força, pela condição que elas têm. E temos que estimular as meninas já na educação de base, mostrar desde cedo que as carreiras de exatas são para elas também. Felizmente, vejo hoje diversos movimentos na sociedade que buscam estimular as garotas a olhar para essa área de STEM como uma possibilidade. Um dos programas da RME acelerou vários grupos com propostas de ensinar programação de computador e educação financeira para meninas. E tem outras iniciativas desse gênero, como o ProgramMaria, que procura estimular mais mulheres a tomar gosto

> FALAR DE DIVERSIDADE NÃO É APENAS UMA QUESTÃO DE JUSTIÇA SOCIAL, TAMBÉM TEM A VER COM ECONOMIA.

pelo campo da tecnologia e diminuir o gap de gênero no mercado de trabalho. O que precisamos é que essas ações não sejam isoladas, que sejam potencializadas com políticas públicas. O que o Estado pode fazer? Apoiar essas iniciativas com recursos, com espaço, com estrutura, porque isso é fundamental: quanto mais meninas estiverem formadas, mas representatividade teremos nesses ambientes. E não estou falando aqui que essa é uma luta para a mulher ser melhor do que o homem. É para que a gente fique em pé de igualdade.

Ainda temos pouco espaço nos postos de comando nos negócios, e com isso perdemos nós, mas perdem muito mais as empresas. Ter mais mulheres em ambientes de comando não é apenas o reconhecimento de que nós podemos estar nesse lugar, temos capacidade para isso e merecemos. Tem a ver com diversidade, inclusão e inovação. E essa combinação é muito boa para os negócios. E por quê? Gosto muito de falar sobre isso, é uma de minhas bandeiras. E falo de diversidade em um conceito mais amplo, incluindo todas as mulheres – de classe média, de origem mais simples, trans, com mais de 50 anos. Falar de diversidade não é apenas uma questão de justiça social, também tem a ver com a economia. Afinal, as pesquisas mostram que 80% das compras de uma família são as mulheres que decidem ou influenciam fortemente – e isso inclui desde a marca de iogurte no supermercado até o carro novo. E tem a ver com inovação. Como? O que é inovar? É ter pensamentos diferentes, formas diversas de você acessar informação, de você processar essa informação em algo novo. Quais as chances de esse desfecho acontecer em uma empresa que em sua liderança só tem homens brancos, com históricos semelhantes, com as mesmas referências, com as mesmas informações? Poucas. Não adianta só colocar pufes coloridos, criar um ambiente com escorregador, geladeira de cerveja e todas essas coisas que as pessoas acham bacanas para estimular a criatividade do time. A diversidade de pessoas na equipe é a chave, porque é isso que traz diferença de pensamento, variedade de informação, ingredientes que aumentam as chances de você ter uma empresa inovadora.

> O PROPÓSITO É UM GATILHO IMPORTANTE PARA A MULHER QUE EMPREENDE.

NOVA ORDEM MUNDIAL

Felizmente o estilo de liderança feminino começa a ser mais valorizado, como observa a pesquisadora Flávia Danielle Santos Oliveira, em *Liderança e gênero: estilos, estereótipos e percepções masculinas e femininas*, dissertação de mestrado que foi desenvolvida na Universidade Federal de Pernambuco (UFP). Segundo ela, estudos recentes apontam a valorização da diversidade de gênero nas lideranças atrelada ao contexto de globalização e da tendência em muitas empresas de adotar uma organização mais plana, menos hierarquizada. Tais características, para alguns desses autores, combinam mais com qualidades femininas, como cooperação, mentoria e colaboração.

Talvez por isso, segundo Flávia, o debate sobre as mulheres no papel de liderança nas empresas é um dos aspectos que vêm ganhando espaço nos estudos acadêmicos internacionais – embora no Brasil ainda seja um tema pouco explorado. Os pesquisadores buscam compreender se existem ou não diferenças entre a liderança masculina e a feminina, se uma é mais eficiente do que a outra. Sugiro que procurem investigar também se a mulher enfrenta preconceitos ou dificuldades nessa posição. Na pesquisa que fez para seu mestrado, Flávia ouviu 784 trabalhadores (396 homens e 388 mulheres), na região metropolitana de Recife, Pernambuco. Em linhas gerais, ela verificou que as principais diferenças entre os estilos de liderança de homem e mulher estão relacionadas aos estereótipos de gênero: "Enquanto o estilo de liderança masculino relaciona-se com pragmatismo, autoconfiança e delegação, o estilo de liderança feminino está associado ao apoio às necessidades das pessoas e a intuição". Além disso, os entrevistados pontuaram como principais características da líder mulher o carisma, a eloquência, a capacidade de resolver

> UMA ANÁLISE DE 360 GRAUS, AVALIA TODO O CENÁRIO E NÃO APENAS UM ASPECTO ESPECÍFICO, PRESTA ATENÇÃO NOS FATORES INTERNOS E EXTERNOS, PESA TUDO ISSO ANTES DE TOMAR SUA DECISÃO.

conflitos e a confiabilidade. Como ponto negativo, apontaram a falta de autoconfiança.

Outro achado interessante que Flávia obteve com a pesquisa é o fato de o chamado estilo feminino de liderança também ser exercido por alguns homens. E, nesse caso, na percepção dos entrevistados, acaba sendo mais bem aceito pelos subordinados. Quando esse estilo é exercido pela mulher, em muitos casos os subordinados entendem como fragilidade e incapacidade para o exercício da liderança. Uma contradição que, acredito, tem a ver com os resquícios da construção social do papel da mulher, sobre a qual já falei em capítulos anteriores. Mas vale a pena sempre repetir.

Outra característica associada às habilidades femininas é a visão sistêmica para resolução de problemas. Ela é bastante valorizada hoje em dia na gestão dos negócios, segundo os autores mais prestigiados nesse campo, como o britânico-americano Simon Sinek. Para ele, esse é um dos trunfos mais importantes das lideranças modernas. E o que é ter uma visão sistêmica? É não olhar para os diferentes aspectos do negócio como se fossem caixas compartimentadas. É tomar as decisões considerando todos os fatores envolvidos, finanças, vendas, pessoas e tudo mais. Esse parece ser um diferencial feminino: a mulher enxerga o conjunto, como se estivesse olhando do alto, faz uma análise de 360 graus, avalia todo o cenário e não apenas um aspecto específico, presta atenção nos fatores internos e externos, pesa tudo isso antes de tomar sua decisão. Ou seja, não olhamos o problema como uma coisa única. Procuramos ter uma visão mais ampla sobre os impactos desse problema, as implicações futuras. Os ganhos da visão sistêmica para os negócios são muitos. Treinando essa habilidade, por exemplo, você amplia seus conhecimentos sobre seu negócio e a área de atuação. Com essa bagagem e avaliando diversos ângulos é mais provável que você perceba tendências e oportunidades de melhorar o seu empreendimento ou de se adaptar a novos desafios com maior agilidade.

Em minha experiência e contato com as mulheres que passam pela Rede Mulher Empreendedora (RME) noto que elas imprimem essas e outras diferenças na gestão de seus negócios. Quando estamos no comando assumimos uma postura mais inclusiva, mais humana. Quando a mulher cria um negócio, é como se ele fosse uma extensão da família. Ela traz para esse empreendimento o ambiente de cuidado. Em geral, é mais comum que ela faça uma conexão entre o negócio e a comunidade, a sociedade, o mundo a sua volta, que atrele essa atividade a um propósito. Em nossas pesquisas no RME e IRME isso é muito forte: o propósito é um gatilho importante para a mulher que empreende.

> O IMPORTANTE É VOCÊ PERSEGUIR SEUS SONHOS E FAZER VALER O SEU ESTILO DE LIDERANÇA.

E qual é a importância de tudo isso que apontei? Há pesquisas internacionais que mostram que, quando você investe numa mulher, amplia o impacto social exatamente por esse modelo e estilo de liderança que ela exerce. Quando o empreendimento de uma mulher dá certo, ela não investe só em comprar coisas para ela. Investe na educação dos filhos, em condições para melhorar o bem-estar da família, procura melhorar o seu entorno. Ela se preocupa com o bem-estar da comunidade no sentido mais amplo. Por isso que eu falo que o estilo de liderança feminino é o mais favorável para uma sociedade mais humana.

> QUANDO ESTAMOS NO COMANDO ASSUMIMOS UMA POSTURA MAIS INCLUSIVA, MAIS HUMANA.

E, para as mulheres, será que esse estilo de liderança ajuda a ter mais sucesso no negócio? Depende do que se entende por ter sucesso nos negócios. É ganhar muito dinheiro ou ter um negócio que traga satisfação pessoal, que realize seu propósito, que imprima um impacto positivo na comunidade onde você está atuando?

Na pesquisa de 2021 do IRME/RME, as seis palavras associadas ao negócio mais citadas pelas mulheres ouvidas foram, nesta ordem: liberdade, independência, sucesso, realização, desafio, dinheiro. E as seis palavras mais citadas pelos homens foram: sucesso, dinheiro, independência, liberdade, lucro e fé. Ou seja, a associação de sucesso com o dinheiro é mais forte no caso masculino. Mas, se você amplia esse conceito, incorporando os valores e anseios que as palavras mais citadas por elas na pesquisa sinalizam, então as empreendedoras com quem convivo diariamente são muito bem-sucedidas.

Existe, porém, uma discussão muito grande no ambiente de negócios em relação a isso. Nem sempre o que eu entendo por sucesso é igual ao seu entendimento. Essa medida é muito individual. Para muita gente, é ganhar um salário todo mês e ter tempo para fazer outras coisas de que gosta. Para algumas empreendedoras, é criar um negócio que tenha muita visibilidade. Já para outras, se a empresa tem o impacto social que elas esperavam, nem precisa ganhar muito dinheiro, apenas o suficiente para manter suas necessidades do dia a dia. E está tudo certo. O importante é você perseguir seus sonhos e fazer valer o seu estilo de liderança.

TEM UM DEPOIMENTO PRA VOCÊ NA PRÓXIMA PÁGINA.

FOCO

ESTILO ECLÉTICO NO COMANDO

"As mulheres nascem líderes. Só que, dependendo de suas trajetórias, do contexto em que vivem, muitas vão deixando de exercer essa liderança. Na minha trajetória, tive a sorte de ser estimulada a desenvolver isso, por minha mãe, Maria da Penha Nascimento de Campos. Ela era costureira, viveu uma situação de violência doméstica e, por conta dessa experiência, nos anos 1990, criou a ONG Fala Negão/Fala Mulher para defender outras mulheres vítimas do mesmo problema. Eu e minhas duas irmãs acompanhamos o trabalho dela. Um dos meus primeiros empregos foi na área de tecnologia, era uma época em que a internet estava crescendo, e resolvi seguir essa carreira. Em 2008, já estava formada em Tecnologia da Informação e com uma boa colocação na área, minha mãe faleceu e eu deixei o emprego para cuidar da ONG. Criei novos projetos com a ONU, o Unicef e a Prefeitura de São Paulo, ganhamos prêmios. Então, tentei voltar para o mercado de TI, mas não me encontrei mais, tinha sido fisgada pelo empreendedorismo. Montei um salão de beleza, depois um de depilação. Fui fazer um curso de *coaching* para melhorar como empreendedora e encontrei minha missão. Aí nasceu meu atual negócio, a Minuto Consultoria Empresarial & Carreira. Quero ajudar pessoas pretas a desenvolver autoconfiança e autoestima para conquistar o seu espaço no mercado. Também dou palestras e atuo como consultora de multinacionais e startups interessadas em investir em diversidade e inclusão e na formação de jovens lideranças negras. Sempre falo que sou movida pela coragem, não tenho medo de errar, corrigir a rota e avançar. Acho que a mulher tem muito isso de aprender, reaprender, aprender novamente. Temos um foco muito grande no autodesenvolvimento, em todas as áreas. E somos boas para colaborar com as pessoas, desenvolver outras pessoas, incentivar, criar conexões. Tudo isso fortalece o papel de líder."

Ana Minuto *é influenciadora, coaching, autora do livro* Empreendedorismo da mulher negra: A potência *(editora Conquista) e uma empreendedora eclética. Já passou por diversos setores até criar a Minuto Consultoria Empresarial & Carreira, em 2015, onde coloca em prática uma metodologia criada para desenvolver e fortalecer potências negras. Como influenciadora, seu projeto Potências Negras já impactou cerca de 5 milhões de pessoas.*

8. ACREDITE, CUIDAR DO DINHEIRO NÃO É BICHO DE SETE CABEÇAS

Independência financeira para a mulher significa independência de decisão. Quando temos recursos financeiros próprios podemos decidir em que projetos investir, como apoiar a educação dos filhos, optar por terminar uma relação que envolve desrespeito e até violência. O negócio próprio é um caminho para conquistar essa autonomia. Empreender, especialmente para a mulher, tem esse papel extremamente social. Só que, para concretizar tal sonho, é preciso encarar um assunto que é considerado um bicho de sete cabeças para grande parte das empreendedoras: aprender a mexer com o dinheiro, seja na gestão de suas finanças pessoais, seja na da empresa. E por que essa relação é assim tão difícil? Porque não fomos ensinadas a lidar com isso ao longo da vida. A ideia que nos venderam desde sempre é que o ambiente das finanças é masculino, como se fosse uma habilidade vinculada aos homens. Basta dizer que somente nos anos 1960 a brasileira conquistou o direito de abrir uma conta bancária em seu nome apenas, sem ter vinculação com pai ou marido. E, acredite: até 1974 não podia ter o próprio cartão de crédito sem a assinatura de um homem na solicitação.

É importante entender o contexto que faz com que as mulheres vejam as finanças como um território ainda cravejado de medos e receios. Precisamos lembrar que, historicamente, o papel da pessoa que vai buscar o dinheiro e o sustento da família sempre foi atribuído ao homem. Associado a isso há o fato de que, até bem pouco tempo, apenas eles ensinavam sobre educação financeira. Se você vai ao mercado financeiro, por exemplo, só há homens falando sobre finanças. Mas vejam só que curioso: no ambiente familiar, as mulheres sempre organizaram as despesas do dia a dia. Mesmo quando é o homem que traz a maior parte dos recursos, geralmente é ela quem administra os gastos, quem executa o orçamento doméstico. É a mulher, em geral, quem faz o supermercado, o pagamento das contas, analisa o que cabe ou não no planejamento de gastos da família. E, apesar disso, ela se sente menos capaz de cuidar do dinheiro dela. Qual a explicação para isso? Na minha opinião, essa mulher acredita que o que ela faz, no âmbito doméstico, é uma parte da gestão do dinheiro da casa. Quando ela vai para o ambiente de negócio, leva junto essa falta de autoconfiança.

> INDEPENDÊNCIA FINANCEIRA SIGNIFICA INDEPENDÊNCIA DE DECISÃO.

Esses fatores explicam, em parte, as dificuldades nesse quesito apontadas pelas pesquisas da Rede Mulher Empreendedora (RME) e do Instituto RME (IRME) na edição de 2021. A gestão financeira foi colocada como uma das principais dificuldades (30%) relatadas pelas entrevistadas.

Geralmente, empreendedoras que sentem essa insegurança entregam a tarefa de cuidar do dinheiro ao companheiro ou a um funcionário. E, quando pergunto para muitas das que fazem isso o motivo de delegarem essa atividade, a resposta é sempre: "Ah, isso é muito complicado!", "É chato de fazer!", "É uma coisa que não me atrai". Por que elas têm essa ideia sobre uma função tão importante para garantir a sobrevivência do negócio? Voltamos àqueles fatores estruturais que já mencionei: a questão da autoconfiança, o fato de a sociedade falar para essa mulher o tempo inteiro que o lugar dela não é ganhando dinheiro e nem cuidando dele e dos negócios.

> CONSIDERO FUNDAMENTAL DESMISTIFICAR ESSAS AÇÕES DE EDUCAÇÃO FINANCEIRA NA PERSPECTIVA DA MULHER.

Como a gente desconstrói tudo isso? Uma ação extremamente importante é ter gente ensinando educação financeira em linguagem acessível, contemplando especialmente mulheres que nunca pensaram em se envolver com finanças fora do ambiente doméstico. Quando falo isso, tem sempre gente comentando: "Então você tem que ensinar mais fácil para as mulheres?". Não é isso! Estou dizendo simplesmente que para quebrar um padrão tão antigo de pensamento, que está enraizado na sociedade, e fazer com que a mulher retome a confiança para transitar por esse terreno, precisamos usar uma linguagem mais inclusiva. Porque se você for ver a propaganda dos bancos, por exemplo, ela fala para o universo masculino. Então, é fundamental adotar uma linguagem mais próxima das mulheres, que as ajude a se reconhecer nesse universo.

Felizmente, esse movimento já existe. É o que faz, por exemplo, a jornalista Nathalia Arcuri, criadora do Me Poupe!, o maior canal de finanças do YouTube, com mais de 6 milhões de inscritos. Ela teve a ideia em 2014, quando fez uma reportagem sobre violência doméstica para a TV e percebeu que a dependência financeira mantém muitas mulheres presas a um relacionamento abusivo. Outro exemplo é Carol Sandler, jornalista que cobria o mercado financeiro. Ela criou o canal Finanças Femininas, inicialmente como um blog, em 2015, para falar de assuntos tão variados como consumo ou como negociar salário. Seguindo os passos das duas, Nathalia Rodrigues, ainda quando era estudante de administração, resolveu falar sobre o tema e virou referência em educação financeira nas redes sociais com o canal Nath Finanças.

Mesmo assim, ainda são poucas as mulheres que estão falando sobre dinheiro com destaque e relevância. E elas abordam com mais ênfase a pessoa física, não entram muito no tema de como lidar com o dinheiro dentro de um negócio. Quem fala um pouco mais do dinheiro nesse sentido é a jornalista Amanda Dias, do canal Grana Preta, também no YouTube. Considero fundamental intensificar essas ações de educação financeira na perspectiva da mulher. É um passo importante para desmistificar a ideia de que o dinheiro é território masculino, para as mulheres entenderem, de uma vez por todas, que não se trata de capacidade cerebral, não é uma questão cognitiva, mas cultural.

ENCARE SEM MEDO

Na RME, quando perguntamos sobre alguma coisa relacionada às finanças do negócio, é bastante comum a gente ouvir das mulheres que elas não entendem disso e que preferem deixar o assunto com o contador. Nós procuramos mostrar que o dinheiro é parte da nossa vida e todos devem saber como lidar com ele. Que a mulher pode cuidar, entender e administrar as finanças do negócio, mesmo sem conhecimentos técnicos sobre o assunto. Você não precisa ser especialista em balancetes, fluxo de caixa, modelos financeiros. Mas é importante, sim, saber os conceitos básicos. Entender como determinar o preço de seu produto ou serviço, quais são as despesas e os custos para manter o seu negócio funcionando, o que é margem de lucro. Essas informações são estratégicas para você saber se o seu negócio está dando lucro ou prejuízo, para ajustar os rumos se perceber que não está indo bem, e como pode fazer isso. Ou seja, são cruciais para a sobrevivência da empresa.

Tem um caso muito interessante de uma empreendedora, dona de um negócio de semijoias, que ilustra muito bem isso. Ela era uma dessas que têm horror a mexer com as finanças do negócio. Há alguns anos ela me procurou e falou que seu empreendimento não estava dando certo, as contas não fechavam, faltava sempre dinheiro. Felizmente, ela mantinha uma planilha financeira simples, mostrando entradas e saídas de dinheiro. Analisamos juntas as contas e, de cara, percebi que ela cometia um dos erros mais comuns entre as donas de pequenos negócios: misturava despesas pessoais com as da empresa. Na coluna de despesas ela colocava a prestação do carro, a conta semanal da manicure e até aqueles gastos pequenos, como um cafezinho. Depois de tirar tudo isso da planilha, mostrei para ela que seu negócio estava faturando quase 6 mil reais por mês. Se você não faz essa separação, fica com uma visão errada, achando que o negócio não está dando dinheiro. E olha que tem muitas empreendedoras que ainda não fazem essa divisão! Na pesquisa de 2021 do IRME, dois terços das entrevistadas afirmaram não separar totalmente as finanças do negócio e as da casa, e metade delas não tem sequer uma conta bancária exclusiva para a empresa.

> VOCÊ NÃO PRECISA SER ESPECIALISTA EM BALANCETES, FLUXO DE CAIXA, MODELOS FINANCEIROS. MAS É IMPORTANTE, SIM, SABER OS CONCEITOS BÁSICOS.

O segundo erro dessa empreendedora era não prestar atenção ao fluxo financeiro do negócio. Ela comprava as semijoias à vista ou para pagar em dez dias. Só que, ao revender, recebia os pagamentos das clientes com prazos de 60, 90 e até 120 dias. Então, apesar de ela ter uma margem de lucro boa ao colocar o preço nas peças para o consumidor final, a chance de essa conta fechar nunca chegava. Mesmo comprando a peça por 10 e revendendo por 20 reais, o lucro era todo consumido pelo fluxo de caixa. Como ela não tinha uma reserva financeira para bancar a diferença entre o prazo de pagamento de seus fornecedores e o de seus clientes, frequentemente precisava correr atrás de empréstimos.

Quando chamei a atenção dela para isso, de uma forma simples, sem usar termos financeiros que podem parecer mais complicados (até porque não sou especialista em finanças), usando uma linguagem do dia a dia do negócio, ficou muito mais claro onde ela estava errando. E bem mais fácil, também, buscar as possíveis ações que ela poderia adotar para minimizar os impactos negativos: negociar um prazo maior para pagar os fornecedores e diminuir o que concedia aos clientes. Assim, conseguiria melhorar o fluxo de caixa e, na medida do possível, construir uma reserva financeira de pelo menos seis meses para sair da roda-viva dos empréstimos.

Ainda que você delegue a gestão financeira da sua empresa para outra pessoa, é bom ter noções básicas para acompanhar a saúde do empreendimento, tomar decisões nas outras áreas. Certa vez encontrei a Luiza Trajano, a grande criadora da rede de varejo Magazine Luiza, uma das mulheres mais influentes do país, e perguntei como ela acompanhava as finanças do seu negócio. Claro que uma empresa tão grande quanto a dela tem um departamento que só cuida disso. Mas Luiza faz questão de acompanhar tudo. Disse que, no começo, muitas vezes apresentavam a ela planilhas financeiras muito difíceis de entender. Ela tem uma lógica dos negócios muito clara na cabeça, então, pediu que fizessem os relatórios seguindo esse seu jeito de pensar, que para ela era bem mais simples de entender do que o método deles.

Então, repito, alguns conceitos básicos das finanças da empresa você precisa conhecer. Uma delas é a forma de precificar o seu produto ou serviço. Que custos você precisa levar em conta? Qual a margem de lucro que você espera alcançar? Como seu preço se posiciona em relação aos concorrentes? É muito comum ver mulheres dizerem que não estão ganhando dinheiro com o seu negócio e, quando você vai ver, elas estão com um preço muito abaixo do que deveriam. Ou estão cobrando muito acima do que a média do mercado e, com isso, afugentando os clientes.

> É BOM TER NOÇÕES BÁSICAS PARA ACOMPANHAR A SAÚDE DO EMPREENDIMENTO.

Outro conceito básico que merece atenção, como já mencionei, é o fluxo de caixa. Muitas empreendedoras precisam desistir de seus negócios porque não ficam atentas a isso. Quer um exemplo de uma empreendedora que fez a lição de casa? Paula Bazzo, que era gerente comercial em uma empresa quando se viu descontente com a carreira e resolveu empreender. Mas, antes de partir para a nova empreitada, ela preparou o terreno: criou uma reserva financeira durante um ano para abrir uma consultoria em planejamento financeiro. Estudando muito bem o cenário do empreendedorismo, constatou que a maioria das empresas fecha antes de completar cinco anos de atividade por desorganização financeira. Quando abriu o negócio, em 2016, tinha como mantra não entrar para essa estatística. E conseguiu. O descontrole do fluxo de caixa pode mesmo colocar tudo a perder. Já acompanhei vários casos de mulheres que vendiam para grandes empresas, calculavam mal o fluxo de caixa e acabaram tendo que fechar. Em geral, você vende hoje para uma grande empresa e só vai receber após 30 a 60 dias. Pequenos empreendimentos que não têm uma reserva financeira não aguentam esperar tudo isso. Para tentar contornar a situação, recorrem a empréstimos e geralmente afundam ainda mais.

Essa questão do financiamento, aliás, é outro ponto delicado para muitas empreendedoras. Em geral, as linhas de crédito financeiro são menores e mais caras para as mulheres se comparadas com as disponibilizadas aos homens. Além disso, muitas empreendedoras têm medo de pegar empréstimo para o negócio – na pesquisa de 2021 do IRME, 70% das entrevistadas nunca buscaram crédito. E as que se animam a fazer isso frequentemente não se sentem confortáveis, pois encontram um ambiente hostil, que não se esforça em falar em uma linguagem mais próxima a elas. Mesmo com todas essas barreiras, digo para as empreendedoras que pedir um empréstimo não é um problema. A questão é o que você vai fazer com esse recurso. O pior empréstimo é aquele para pagar dívidas. Mas ele pode ser muito importante e necessário para ampliar o seu negócio. Então, até para tomar a decisão certa diante dessa alternativa, é bom que você estabeleça uma relação mais amigável e até mais íntima com as finanças de sua empresa.

> TEM UM DEPOIMENTO PRA VOCÊ NA PRÓXIMA PÁGINA.

DESCOMPLICANDO AS FINANÇAS

"Eu tinha experiência na área comercial e estava em um cargo de gerência quando resolvi empreender. Passei um ano me preparando. Enquanto fazia uma poupança para investir no negócio, fui estudar finanças, e acabei percebendo o distanciamento que as pessoas, especialmente as mulheres, tinham em relação a esse tema. Elas tinham medo ou vergonha de perguntar sobre esse assunto. Então resolvi abrir uma consultoria para traduzir a complexidade do mundo financeiro em algo palpável, que fizesse sentido para as mulheres e elas pudessem aplicar na vida de forma sustentável. Comecei a trabalhar com o público feminino com foco em finanças pessoais. Mas, talvez por meu perfil empreendedor, algumas donas de negócios ou autônomas começaram a me procurar. O empreendedor não tem um ganho recorrente, como quem trabalha com carteira assinada, e elas queriam aprender a lidar com isso. Então, naturalmente, comecei a ajudar muitas empreendedoras a cuidar melhor tanto das finanças pessoais quanto da empresa. Até porque uma das grandes dificuldades que elas me traziam era justamente a mistura dessas duas coisas. Digo a elas que o primeiro passo para organizar as contas é pensar: 'Quem sou eu na vida pessoal e quem sou eu na empresa?'. Então partimos para as principais dificuldades que elas têm em cada esfera. Na vida pessoal, as dúvidas mais frequentes são o quanto elas devem ter de salário como empreendedoras; como fazer a divisão das contas da casa com o marido; por onde começar a se organizar para sair de um endividamento; e o melhor caminho para investir uma sobra financeira sem riscos de perder dinheiro. Do ponto de vista do negócio, o que mais elas querem saber é como precificar seus produtos e serviços; como organizar as entradas e saídas de dinheiro da empresa; e quanto devem reinvestir no empreendimento. Sempre mostro para elas que existem diversos cursos que podem ajudar a entender melhor tudo isso, muitos inclusive gratuitos. É uma questão de ter disciplina, ir atrás dos conhecimentos e, claro, aplicá-los. Assim os resultados aparecem."

Paula Bazzo é formada em administração, relações internacionais e psicologia. Em 2016, abriu uma consultoria especializada em educação e planejamento financeiro, com a missão de traduzir para seus clientes os conceitos desse universo para uma linguagem mais acessível. Até 2020 estava focada em um público feminino. Mas entrou como sócia da plataforma de planejamento financeiro SuperRico, onde é responsável pelo setor de educação financeira, e, com uma agenda intensa de palestras para pessoas de todos os perfis, acabou ampliando também o atendimento na consultoria. Embora 90% de sua carteira de clientes seja de mulheres (70% delas empreendedoras), agora ela está começando a atender outros públicos.

CURTIU? COMENTA!

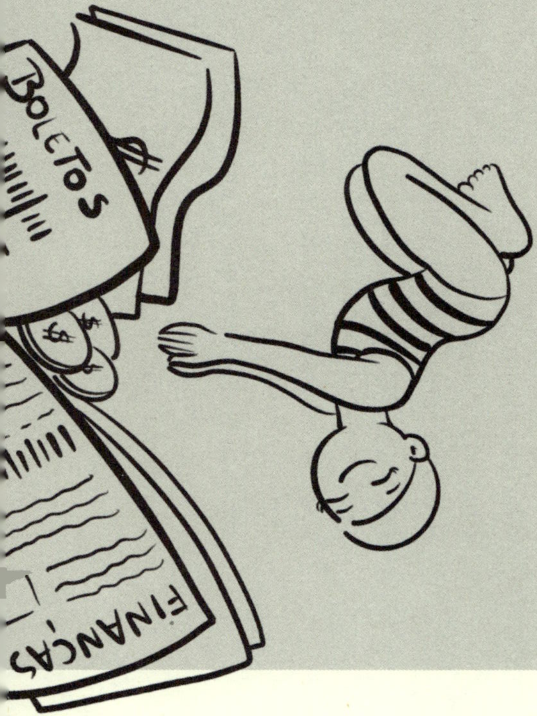
BOLETOS
FINANÇAS

9. LAÇOS QUE FORTALECEM SEU NEGÓCIO

Desde que entrei no mundo do empreendedorismo feminino eu defendo a ideia de que a nossa força está nas conexões que fazemos. Se quisermos construir um ecossistema forte precisamos, de verdade, apoiar umas às outras, praticar a colaboração, ter empatia com a situação de quem está no mesmo barco e, sempre, lembrar que o mundo é redondo e dá muitas voltas. Hoje você está bem, amanhã pode precisar de ajuda. E mostrar-se disponível para auxiliar os outros é a melhor forma de alimentar conexões e criar laços fortes que socorram você em um momento de necessidade. Digo isso tudo porque vamos falar da importância da rede de relacionamento. Um assunto tão essencial que destinei um capítulo inteiro para ele.

No mundo corporativo falavam muito de networking, que nada mais é que construir redes de relacionamento. Sim, elas precisam ser construídas e nutridas diariamente, merecem de fato dedicação de nossa parte, porque são essenciais para os negócios. Os homens fazem isso à maneira deles desde sempre porque foram ensinados a cultivar esses laços. Existe até aquele ditado que diz que "homem faz networking até no banheiro". Isso significa que sempre que se encontram, mesmo nas situações mais informais, como o happy hour ou um churrasco com a turma do futebol, assunto vai, assunto vem, e o papo sempre passa pelos negócios. Assim ficam sabendo de oportunidades profissionais, pedem indicações, são indicados.

Nós, mulheres, somos diferentes também nessa questão. Fazemos muito menos networking. Por que será? Não temos tempo, seria falta de foco, timidez? Acredito que tem um pouquinho de tudo isso. Mas tem outra questão mais profunda. Dificilmente falamos de trabalho em outros ambientes ou situações que não estejam ligados à atividade profissional. Notei isso ao me dar conta de uma coisa curiosa: eu pouco sabia sobre a atuação profissional das mães dos coleguinhas das minhas filhas, se trabalhavam ou não, onde. Nada. Em contrapartida, todos os pais conheciam praticamente o currículo inteiro um do outro. E olha que muitas mulheres têm uma facilidade enorme de falar de coisas pessoais para pessoas que acabam de encontrar nos locais mais prosaicos, como o ônibus ou o salão de cabeleireiro. Mas não de negócios.

> AUXILIAR OS OUTROS É A MELHOR FORMA DE ALIMENTAR CONEXÕES E CRIAR LAÇOS FORTES QUE SOCORRAM VOCÊ EM UM MOMENTO DE NECESSIDADE.

E por que a gente tem receio de falar de trabalho, de nossas habilidades, do que almejamos na carreira ou de nosso empreendimento fora do ambiente profissional? Creio que isso tem a ver com o medo de se expor, de ser julgada. A não ser aquelas que são vendedoras natas, muitas mulheres têm vergonha de vender o seu peixe, de falar de suas habilidades. Porque, além do receio do julgamento dos outros, elas acham que estão incomodando. Fomos educadas para não incomodar, para usar um tom de voz mais baixo, para falar de coisas amenas. São as velhas amarras da construção social do papel feminino, sobre as quais já falei em capítulos anteriores e que, repito, precisamos desconstruir.

> O PRIMEIRO PASSO É ENTENDER QUE VENDER E FALAR DE NEGÓCIOS NÃO É UMA COISA RUIM, NEM ERRADA.

Outra construção social a combater é essa história da tal da competitividade feminina, essa ideia de que uma mulher não ajuda outra mulher. Ao contrário, o que noto e incentivo em todos esses anos de contato com o ecossistema do empreendedorismo feminino é a colaboração. Quando o negócio de uma mulher dá certo, ela procura ajudar outras mulheres, como apontam as pesquisas anuais do Instituto RME (IRME). A edição de 2021, que ouviu empreendedores de ambos os sexos, mostrou que o quadro de funcionários dos negócios liderados por mulheres era 73% feminino, contra 21% das empresas comandadas por homens. Sim, vale reforçar, mulheres apoiam outras mulheres.

Mas, voltando ao networking: precisamos parar de achar que existem ambientes específicos para falar de negócios, como se essa fosse uma área compartimentada de nossa vida. Na realidade, não é. Não estou querendo dizer com isso que seja o caso de imitar o comportamento tradicional dos homens, mas é importante encontrar um caminho só nosso de construir esses laços nos contatos cotidianos. E por onde começamos? O primeiro passo é entender que vender e falar de negócios não é uma coisa ruim, nem errada. É tão natural quanto você falar de outros assuntos de sua vida, como a família, a casa, suas atividades de lazer. O segundo ponto é se preocupar menos com os julgamentos externos e vender seu peixe sem receio ou vergonha. Isso não é fácil, eu sei. Mesmo depois de 13 anos do meu primeiro empreendimento tenho que falar isso tudo para mim todos os dias. Porque a gente não destrói de uma hora para a outra, com uma varinha mágica, esses estereótipos que estão enraizados na nossa sociedade, na nossa cultura.

> PRECISAMOS PARAR DE ACHAR QUE EXISTEM AMBIENTES ESPECÍFICOS PARA FALAR DE NEGÓCIOS, COMO SE FOSSE UMA ÁREA COMPARTIMENTADA DE NOSSA VIDA.

Se você é dessas que têm dificuldade para vender o seu peixe, não adianta dizer "a partir de hoje vou ser ótima vendedora" para tudo mudar. É um processo, e o primeiro passo é se conscientizar dessa dificuldade e ficar alerta para não reproduzir esses comportamentos que nos impedem de evoluir.

Para não desistir, foque os benefícios. Pense que um negócio não existe e não progride se você não conseguir vender e construir relacionamentos. Às vezes as mulheres desassociam essas duas coisas quando, na verdade, elas andam juntas. Portanto, essa construção de laços é essencial e deve merecer sua total atenção e empenho. E não estou falando daquela coisa antiga de sair por aí distribuindo cartão de visita e só procurar as pessoas quando estiver precisando de algo. Para começar, cartão de visita é coisa do passado, temos ferramentas mais modernas e eficientes como as redes sociais: LinkedIn para se conectar com possíveis parceiros; Instagram e Facebook para criar um canal com clientes em potencial. Esses são os canais mais usados hoje em dia para construir uma rede de relacionamento. Desde que sejam usados do jeito certo. Não basta apenas adicionar as pessoas nas suas redes ou pedir que outras aceitem você. É preciso ir nutrindo essa relação com posts de conteúdo qualificado, comentários, interações. Não vale procurar as pessoas que adicionou apenas no momento em que você precisa de alguma coisa. Esse pedido será menos artificial se os laços forem alimentados com contatos em outros momentos que não os de pedir ajuda.

IRMANDADE FEMININA

Aqui, é importante fazer uma distinção. Não estou me referindo a um simples networking. Quando falo em construir relacionamentos, penso em laços mais estreitos, de proximidade, para somar forças. Penso em uma mulher ajudando a outra. E isso não se faz sem trabalho. Você precisa manter suas redes sociais atualizadas, trocar informações com seus seguidores, quando postar algo marcar as pessoas para as quais você acredita que aquele conteúdo será útil. E estar disposta a ajudar também. Mesmo que pareça muito bobinho dizer isso, é essencial apoiar as outras pessoas genuinamente. Só assim você consegue construir uma rede de relacionamento poderosa. Outro dia recebi uma mensagem pelo LinkedIn de uma pessoa que não falava comigo fazia dois anos. Era diretora de uma multinacional e foi demitida, queria saber se eu tinha um tempinho para conversarmos. Ela não sabia o que aconteceu comigo nesse tempo todo e reapareceu dizendo que foi demitida, que estava meio sem chão

> PENSE QUE UM NEGÓCIO NÃO EXISTE E NÃO PROGRIDE SE VOCÊ NÃO CONSEGUIR VENDER E CONSTRUIR RELACIONAMENTOS.

e pedindo ajuda. Não havia uma conexão entre nós. Ainda assim, como não está em mim recusar esse tipo de amparo, conversei com ela. Trouxe esse exemplo para mostrar que não é assim que se constroem laços. Tem que investir na reciprocidade. Investir no que as pessoas chamam de sororidade feminina.

É mais ou menos aquilo que entre os meninos eles chamam de "brotheragem", uns estão sempre puxando os outros. Acho que as mulheres também fazem isso à sua moda, pelo menos no universo empreendedor que acompanho. Só precisamos intensificar, deixar essa camaradagem mais evidente para não dar destaque aos casos isolados de mulher que passa a perna na outra – que até podem existir, mas não são a regra e também acontecem no mundo masculino. Não se trata só de ver o lado cor-de-rosa da vida. Não vou dizer que nunca passei por situações de pessoas que me deram punhalada, bola nas costas e tudo mais. Mas eu prefiro olhar para os casos bacanas de gente que me puxou para cima, que me abriu uma porta, que me disse uma palavra amiga quando eu mais precisava, porque essas pessoas são a maioria. Acho que esse é o caminho que temos que valorizar, nunca a falsa ideia da rivalidade feminina.

> ALÉM DAS REDES SOCIAIS, OUTRO RECURSO QUE AJUDA A AMPLIAR SUA REDE DE RELACIONAMENTOS É PARTICIPAR DE GRUPOS DA ÁREA EM QUE VOCÊ ATUA.

A Rede Mulher Empreendedora (RME) é um exemplo do quanto é importante a gente se apoiar nessa teia de relacionamentos. Iniciei a RME em 2010 porque entendi que era fundamental ajudar outras mulheres. Mas percebi que não conseguiria fazer isso sozinha, precisaria mobilizar outras mulheres com o mesmo propósito e vontade genuína de contribuir com o projeto. Alguns dos programas da RME também procuram favorecer a criação e o fortalecimento desses laços. Um deles, por exemplo, é o Café com Empreendedoras, encontros que oferecem a oportunidade de conhecer outras empreendedoras, trocar experiências, ouvir histórias inspiradoras, tirar dúvidas, divulgar a empresa.

Para além da RME, esse movimento de estreitar os laços com minhas conexões é algo que incorporei no meu dia a dia. Se estou lendo um artigo e lembro de alguém da minha rede de contatos para quem aquilo faz sentido e pode ajudar, encaminho por e-mail para ela. Não custa dez segundos, mas estou sinalizando: "Olha, pensei em você, eu me importo com você". Para mim, construir relacionamentos tem a ver com isso, com sororidade, que prefiro chamar de irmandade feminina para ficar mais fácil de as mulheres entenderem. Essa é a essência da RME. Quando uma não está bem, a outra vai lá e a puxa para cima. É com esse conceito genuíno e verdadeiro de construção de laços que eu fecho. Se as mulheres se identificarem com isso e fortalecerem essa irmandade feminina, tenho certeza de que vamos melhorar muito.

E você pode começar a alimentar essa rede de apoio a partir de seu entorno, com suas redes locais. E o que chamo de redes locais? Todo mundo tem família, amigos, conhecidos da escola onde estudou ou dos empregos por onde passou. Então, comece a se conectar com essas pessoas. Foi isso que eu fiz lá atrás, quando comecei. Depois é só deixar esses contatos saberem o que você está fazendo, o que está acontecendo com você, oferecer ajuda para os que manifestarem uma necessidade. Em geral, as pessoas associam ajudar apenas a dinheiro, mas muitas vezes tem mais a ver com se mostrar disponível e querer de verdade ser útil ao outro. Depois é só ir nutrindo essa rede com interações genuínas e ela irá crescer naturalmente. Porque, insisto, uma rede forte é aquela que se estabelece com interações verdadeiras. Dá para reconhecer quem está ali só na base do interesse, sem a intenção de construir uma rede de apoio mútuo. Conheço gente que tem um milhão de pessoas no LinkedIn mas não tem laços com ninguém. Parece uma coisa boba, mas isso é para a vida.

Além das redes sociais, outro recurso que ajuda a ampliar sua rede de relacionamentos é participar de grupos da área em que você atua. Por exemplo, se você tem um negócio de bolos, pode ingressar em um grupo com empreendedoras dessa mesma área para trocar ideias e experiências e tirar dúvidas, em plataformas como Facebook, WhatsApp, Telegram. Participar de eventos, como feiras, workshops e encontros de relacionamento, também é fundamental. Esteja em pelo menos um a cada mês. Mas é preciso ter foco e equilíbrio. Não adianta criar uma agenda extensa de eventos que comprometa o tempo que você dedica ao negócio. Escolha aqueles que realmente sejam relevantes para o seu ramo de atuação. E se prepare bem para vender o seu peixe. Em geral, nessas oportunidades você não tem muito tempo para dar o seu recado. Então, é bom ensaiar para comunicar o essencial. Para isso, você tem que investir em autoconhecimento, saber direitinho quais são seus pontos fortes e sua expertise, ter claros os diferenciais de seu negócio. Pense que você tem 30 segundos para resumir tudo isso para alguém no elevador. Esse é o tempo de um comercial em um horário nobre na TV, como o Jornal Nacional, da Globo. Tente dizer quem é você e o que faz em 30 segundos. Mas faça de cada um desses segundos um momento valioso para seu negócio.

> TEM UM DEPOIMENTO PRA VOCÊ NA PRÓXIMA PÁGINA.

AS TROCAS NOS AJUDAM A CRESCER

"Mais vale um amigo na praça do que dinheiro no banco. Sempre ouvi esse ditado de minha mãe e hoje faz muito sentido. Comprovei isso quando saí de minha cidade, Petrolina, lá em Pernambuco, para fazer faculdade de Fonoaudiologia na capital, Recife. Para adquirir mais conhecimento, queria fazer estágios e comecei a bater na porta de consultórios. Entendi que ia crescer por meio de trocas. O estágio era uma via de mão dupla: eu oferecia meu trabalho para eles, que retribuíam com a oportunidade de enriquecer o que eu aprendia na faculdade com a prática do consultório. Meus pais já se desdobravam para pagar o curso, então, eu não teria recursos para montar consultório depois de formada. Mas, após quatro anos na faculdade tecendo relacionamentos, eu era aquela 'menina do interior' que conhecia meio mundo de gente e busquei essas conexões para encontrar caminhos para iniciar minha carreira. Quando me formei, tinha local para atender em Recife e João Pessoa, tudo através de networking. Aproveitei que minha irmã cursava jornalismo na capital paraibana e cuidei de criar laços por lá também. Passando férias em Petrolina, fui convidada para fazer um trabalho em escolas por meio de profissionais que conheciam o trabalho da minha mãe, que era da área de educação. Nesse momento, comecei a desenvolver outras áreas de atuação além da clínica: fonoaudiologia escolar e treinamentos empresariais. E assim foram surgindo as chances de progredir na minha carreira, sempre com indicação de alguém. Contava com a facilidade para fazer amigos, o tal networking, quando ainda nem se falava muito sobre isso. Já fiz de tudo um pouco, gosto de testar coisas novas e também tenho outras formações – psicopedagogia, administração. Mas percebi que sempre inventava um motivo para promover eventos: comecei com curso de oratória, depois eventos sociais e eventos exclusivos para mulheres. Fui descobrindo essa minha vocação aos poucos, mesmo sem perceber, a começar pela participação na comissão de formatura da faculdade. Por isso, estou trabalhando mais fortemente com esse nicho nos últimos anos.

Minha especialidade são temas como: oratória, comunicação, vendas, networking e storytelling. Sei que levando esses conhecimentos às pessoas elas poderão se desenvolver. Gosto de me envolver com as pessoas, de ver que cada evento que eu organizo toca de alguma forma os participantes. Sou movida pela transformação que posso ajudar a causar na vida das pessoas."

Fabiana Rolim *é formada em Fonoaudiologia e dona da empresa Multieventos Fabiana Rolim. Tem uma atuação diversificada. Ainda atende individualmente com terapia na área vocal e processos de coaching, mas seu forte é a realização de eventos nas áreas social e corporativa.*

CURTIU? COMENTA!

— PÁGINA 155

10. NÃO CAIRÁS NA TENTAÇÃO DAS FÓRMULAS MÁGICAS

Quando eu trabalhava em uma montadora, não foram poucos os casos de clientes que apareciam para "pegar" o carro que "tinham comprado" pela metade do preço, atendendo a uma oferta que viram pelo jornal. Acreditando na pechincha, depositavam adiantadamente a quantia em uma conta bancária sem questionar. E, claro, quando descobriam o golpe, não tinham mais como reaver o que perderam. Ainda hoje tem muita gente que cai em armadilhas como essas que prometem esse tipo de ganho irreal e rápido. Fico me perguntando por que as pessoas se deixam seduzir por fórmulas mágicas que acenam com retorno sem grande esforço. Parece ser da nossa natureza querer trilhar o caminho mais fácil. Bastaria um pouco de investigação (ou intuição) para descobrir que há algo errado. Com as facilidades digitais, os riscos se multiplicam de maneira exponencial. Então, eu te pergunto: se alguém anuncia algo desse tipo nas redes sociais, qual é a sua reação? O mais prudente é ficar com um pé atrás. Mas muita gente nem desconfia. Basta ver as inúmeras reportagens sobre golpes eletrônicos nos principais órgãos de imprensa.

Eu já notei que existe uma característica em comum entre as pessoas que buscam esses caminhos fáceis. Em geral, elas estão passando por algum momento de fragilidade emocional e, por isso, estão mais propensas a acreditar em soluções mágicas, que consigam resolver as dificuldades que enfrentam sem muito esforço e rapidamente. Em um ambiente empreendedor, o potencial para essa vulnerabilidade é ainda mais forte. E por que digo isso? Porque é um universo cheio de desafios. Se você tem um emprego com carteira assinada, de certa forma a empresa é um terreno mais seguro, que garante um salário e uma série de benefícios. Empreender, ao contrário, é assumir riscos. As incertezas são tão grandes e tão fortes que a empreendedora precisa se automotivar diariamente. É preciso tirar forças de onde você nem sabia que elas existiam para seguir em frente, principalmente quando as coisas não estão dando muito certo. Um cenário de dificuldades nos primeiros cinco anos de atividade acontece em dez de cada dez negócios. Por mais que a gente encontre o caminho, tem coisa que dá errado, não tem jeito.

> **AS INCERTEZAS SÃO TÃO GRANDES E TÃO FORTES QUE A EMPREENDEDORA PRECISA SE AUTOMOTIVAR DIARIAMENTE.**

Como já falei, muitas empreendedoras iniciam um negócio por necessidade, porque precisam encontrar uma forma de colocar dinheiro dentro de casa com urgência. Nessas circunstâncias, é compreensível que ela queira que tudo dê certo – e rápido – e acabe sendo uma presa fácil para acreditar em fórmulas mágicas. E elas estão por toda parte. Um exemplo são esses cursos que pipocam nas redes sociais que prometem ensinar um caminho curto e certeiro para você ficar rica. Isso só existe para o dono do curso, que, com certeza, está ganhando muito dinheiro com as pessoas mais crédulas.

O mundo digital é um manancial de várias dessas fórmulas de sucesso voltadas para os pequenos empreendedores que podem dar em nada. Prometem ensinar como captar montanhas de clientes, como fazer seu negócio crescer, ganhar seguidores rapidamente nas redes sociais, converter todos esses seguidores em seus consumidores. O mais surreal para mim são aqueles cursos que, vira e mexe, aparecem na nossa timeline com a incrível proposta de ensinar você a vender... cursos! Recebo inúmeros contatos por minhas redes sociais com esse tipo de fórmula mágica. São e-books gratuitos ensinando você a escrever um livro, a montar um curso, a escrever posts supervendedores em suas redes sociais. As empresas usam dessas estratégias para capturar seus contatos e depois usar como mailing para vender outros produtos digitais de quem ofereceu o e-book grátis. Quem pretende empreender na internet tem que tomar cuidado redobrado, porque não faltam empresas e plataformas oferecendo ferramentas incríveis para impulsionar vendas online que não entregam o que prometem.

> O MARKETING DIGITAL SÉRIO REQUER PLANEJAMENTO ESTRATÉGICO, COM FERRAMENTAS E AÇÕES PENSADAS SOB MEDIDA PARA CADA CLIENTE.

Em geral, são estratégias usadas pelo marketing digital. Não quero dizer que essa seja uma área mal-intencionada. É um segmento que tem se desenvolvido muito nos últimos tempos e, se feito de maneira séria, traz resultados – embora precise de um tempo de maturação. Mas é um recurso que precisa ser muito bem pensado e avaliado. Principalmente pelos pequenos empreendimentos, que são os mais vulneráveis. Em geral, as empresas maiores contam com uma equipe de marketing interno que se encarrega das ações digitais. Mas as empresas menores, sem recursos para absorver esse custo, quando podem, acabam contratando serviços das agências que exploram esse filão. Nesse momento, é preciso redobrar os cuidados para não cair na lábia de gurus que prometem coisas irreais como triplicar as vendas na internet em um prazo curtíssimo. Esse tipo de resultado milagroso não existe.

Portanto, se chegarem para você com uma proposta de marketing digital acenando com um retorno quase mágico, desconfie. O marketing digital sério requer planejamento estratégico, com ferramentas e ações pensadas sob medida para cada cliente. Significa que não tem uma fórmula de sucesso com resultados certeiros para todo tipo de negócio. "Ah, mas uma amiga usou essa estratégia e deu muito certo, acho que para mim dará também!". O que funciona em uma situação pode dar em nada em outra. Se você vai investir nessa área, precisa controlar a ansiedade porque o marketing digital pede um planejamento de curto, médio e longo prazos para que, enfim, os resultados comecem a aparecer.

Todo cuidado é pouco. Se você tiver condições de contratar esse serviço, é essencial que escolha uma agência confiável. Faça uma pesquisa básica. Fale com outras empreendedoras que já foram atendidas por ela. Verifique se ela tem certificações ou selos de programas de parceria com o Google ou o Facebook. E pesquise para ter pelo menos algumas noções básicas de marketing digital. Isso é fundamental para que você tenha uma expectativa mais real sobre o que esse recurso pode oferecer ao seu negócio e também para orientar a escolha da agência com a solução mais adequada a seu empreendimento. Essa busca de conhecimento sobre as ferramentas do marketing digital vale ainda mais para quem não tem condições de contratar o serviço de alguém especializado. Existem cursos de capacitação e educação em marketing digital que são gratuitos. Na RME inclusive.

TRABALHO, A FÓRMULA QUE DÁ CERTO

Eu mesma recebo mensagens todos os dias propondo um jeito fácil de ganhar muito dinheiro. Dizem: "Ana, você criou a Rede Mulher Empreendedora, que tem milhares de integrantes, é seguida por muita gente em suas redes sociais. Tenho uma proposta para você ganhar muito em pouco tempo; você só precisa dedicar de 2 a 3 horas por semana para divulgar nosso produto". E completam dizendo que as possibilidades de ganho vão de R$ 50 a 100 mil por semana. Se eu fosse uma pessoa desavisada, o que faria? Tem dias em que perco a paciência e deleto. Mas acabo respondendo algumas. Agradeço, digo que não faço esse tipo de trabalho, que não é esse o meu propósito.

Porém, mais do que ficar falando aqui sobre os inúmeros tipos de fórmulas mágicas que existem por aí, quero alertar para a importância de uma empreendedora ficar atenta a isso. Já vi muita gente esclarecida, com uma longa jornada e experiência em grandes corporações, bastante ativas nas redes sociais, cair nessa tentação.

A verdade é que em um empreendimento não existe caminho fácil. A única fórmula mágica para o negócio dar certo é muito trabalho, ter um produto ou serviço que as pessoas queiram comprar e alimentar as conexões e relações com os consumidores em potencial. Nenhum dos negócios milionários que conheço teve sucesso rápido, cresceu de um dia para o outro. As coisas levam tempo para dar certo. Então, é respirar fundo, tentar controlar a ansiedade e confiar nas atitudes empreendedoras que adubam o terreno para que seu negócio cresça forte. Que atitudes são essas? Isso é assunto para o próximo capítulo.

> TEM UM DEPOIMENTO PRA VOCÊ NA PRÓXIMA PÁGINA.

NÃO EXISTE PÓ DE PIRLIMPIMPIM NOS NEGÓCIOS

"Se alguém chegar com a proposta de ensinar a você os três passos para ser *the best* em vendas, não caia nessa. Infelizmente, não existe o pozinho de pirlimpimpim nos negócios para fazê-lo decolar. Aprendi isso em 2016, ao abrir meu primeiro empreendimento, depois de sair da Natura, onde trabalhei por quase três décadas. Eu conhecia tudo sobre venda direta, a modalidade explorada pela Natura, Avon, Jequiti, Mary Kay e tantas outras. Com essa expertise, resolvi criar em sociedade uma empresa chamada MegaCatálogo, que seria multimarcas. Ou seja, reuniria produtos de todas essas empresas em um catálogo só, permitindo que a consultora trabalhasse com todas as marcas e ampliasse suas chances de venda. Para mim, que era apaixonada por esse tipo de venda, era a fórmula perfeita. E mágica! Só que não levamos em conta que só a paixão não basta. Naquela época ainda não estavam tão disseminadas as plataformas digitais, essenciais para que esse tipo de empreendimento prosperasse. Para um negócio ser bem-sucedido, o primeiro passo é estar assentado em um tripé: ter um propósito (a paixão, os ideais do dono); existir um público-alvo disposto a pagar por aquele produto ou serviço; e ser lançado no momento certo. Eu e meu sócio erramos neste último ponto, nossa proposta era muito avançada para a época. Quando você vence essa primeira etapa e tem um tripé sólido, o segundo passo é o mais crucial: garantir a sustentabilidade de seu empreendimento com um bom planejamento e executando à risca o planejado. Se necessário, retornando ao planejado e corrigindo a execução. Um dos itens principais desse planejamento é o treinamento para ter sucesso nas vendas. Isso vale para todo tipo de negócio, desde a pequena empreendedora que sabe fazer seu produto ou serviço, mas não sabe vender, até a empresa que precisa ter clareza sobre a conquista de clientes, uma tarefa que deve ser encampada por todos os colaboradores."

Marcela Quiroga trabalhou por 27 anos na Natura. Começou como consultora e chegou a assumir uma das gerências regionais da empresa, responsável pela gestão de mais de 18 mil consultoras. No início, a atividade de consultora da Natura era para financiar sua faculdade de arquitetura. Mas Marcela acabou se apaixonando pelo modelo de venda direta e especializou-se na área. Atualmente, com a empresa MQuiroga Treinamento e Consultoria, criada em 2012, atua como consultora de vendas desenvolvendo a estratégia e a execução de formação de times de vendas, faz treinamento de equipes, atua como mentora da Rede Mulher Empreendedora, dá palestras e mantém um canal no YouTube sobre o tema.

CURTIU? COMENTA!

PÁGINA 165

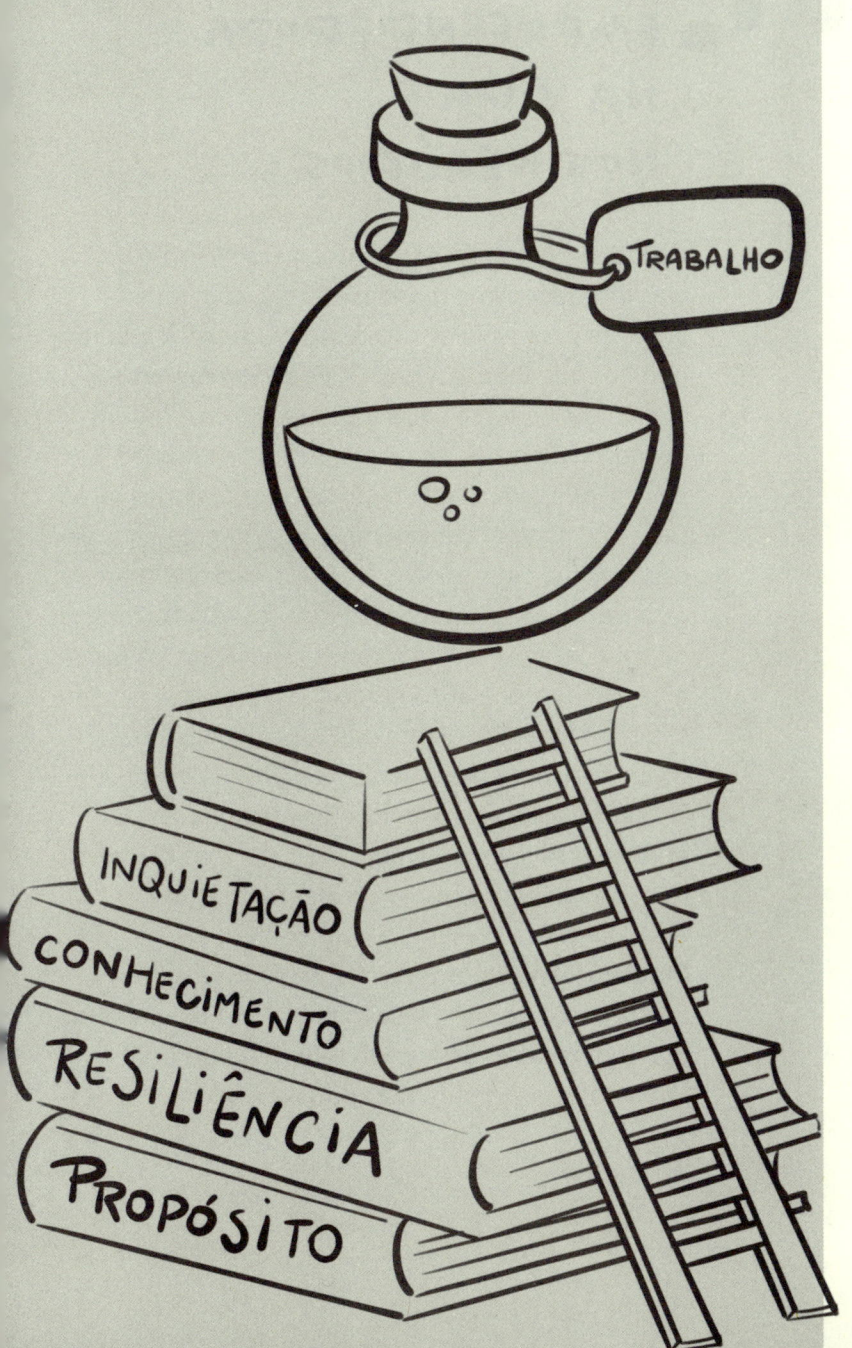

11. ATITUDE EMPREENDEDORA NA VIDA E NOS NEGÓCIOS

Desde que mergulhei de cabeça no universo do empreendedorismo passei a estudar, com especial atenção, pessoas bem-sucedidas nos negócios, tanto homens quanto mulheres. Queria entender por que deram certo, se havia algum traço em comum que favorecesse seu desempenho nesse universo. E percebi que, sim, elas têm certas características que são essenciais para enfrentar os enormes desafios de colocar uma empresa em pé. Elas têm o que chamo de atitudes empreendedoras, que nos impulsionam não apenas nos negócios, mas também em outras áreas de vida. São atitudes de quem não fica na sombra, encolhido diante das adversidades, mas ocupa o lugar de protagonista da própria história. Neste capítulo, quero falar sobre algumas dessas atitudes – existem várias outras, claro, mas considero fundamentais as que vou apresentar a seguir.

Inquietação. Todo empreendedor bem-sucedido que conheço é uma pessoa inquieta, do tipo que vê oportunidade de negócio em tudo. Quando detecta um problema, já fica matutando uma solução.

Acontece muito comigo, nas mais variadas situações do dia a dia. Às vezes, por exemplo, indo pegar minhas filhas na escola, vejo algo e penso: "Nossa, isso podia virar um negócio, hein?". Essa inquietude é ótima para uma empreendedora, desde que ela defina um foco e não saia atirando para todos os lados.

Se você for atrás da história de grandes empreendedores, vai ver que muitos iniciaram o negócio a partir de uma inquietação. Um dos exemplos mais famosos é Bill Gates, criador da Microsoft. Inconformado com o sistema operacional dos computadores no começo dos anos 1980, que era complicado, ele resolveu desenvolver algo mais amigável. E assim nasceu o Windows. Com interfaces gráficas e o mouse, o Windows virou o sistema mais usado do planeta pela facilidade que oferece aos usuários.

> ESSA INQUIETUDE É ÓTIMA PARA UMA EMPREENDEDORA, DESDE QUE ELA DEFINA UM FOCO E NÃO SAIA ATIRANDO PARA TODOS OS LADOS.

Há também mulheres inspiradoras que, movidas pela inquietação, construíram grandes histórias. É o caso da norte-americana Oprah Winfrey. Jornalista, apresentadora, atriz, psicóloga, empresária, produtora, editora, escritora, ela ficou conhecida mundialmente pelo *The Oprah Winfrey Show*, um programa de entrevistas que comandou por mais de 20 anos, e tornou-se uma das maiores audiências da TV nos Estados Unidos. Foi apenas o início de uma trajetória vitoriosa – Oprah foi eleita pela revista *Forbes* a mulher mais rica do ramo de entretenimento do mundo durante o século 20. Uma caminhada que iniciou desafiando o mundo da mídia televisiva, na época dominado por homens e mulheres brancos. Outra norte-americana, a empresária Sheryl Sandberg, é também um exemplo inspirador. Em 2008, ela assumiu o cargo de chefe operacional do Facebook e, quatro anos depois, foi a primeira mulher a integrar o conselho administrativo da empresa.

Disposição para assumir riscos. Uma das perguntas que costumo ouvir das pessoas que querem empreender é: "Ana, você sabe quanto vai tirar por mês?". Tenho que explicar que zona de conforto só existe em emprego registrado, quando todo mês você tem salário garantido. Quem empreende tem que assumir riscos – e a incerteza sobre o ganho mensal é apenas um deles. Isso é uma coisa que assusta muitas mulheres porque, normalmente, a gente tem medo de arriscar, de buscar um caminho diferente. E o que temos pela frente, ao iniciar o negócio, é uma trilha cheia de desafios.

> USE SEUS RECURSOS COM MUITO CUIDADO, SE POSSÍVEL BUSCANDO PARCERIAS E OPÇÕES MAIS EM CONTA.

Pode ser instigante para aquele estereótipo de empreendedor que as pessoas adoram usar, que eu chamo de "kit Vale do Silício", personificado por um jovem descolado que tem uma confortável estrutura familiar por trás. Ele assume o risco e tudo bem, se o negócio não der certo é só voltar para a casa dos pais. Mas, para a empreendedora, especialmente quando ela parte para o negócio próprio por necessidade, é compreensível que o risco assuste, pois ela tem família para sustentar, precisa pagar aluguel, as contas da casa, colocar comida na mesa. Quando dá errado, não tem a quem pedir ajuda. Por isso, estou falando aqui de assumir riscos, mas calculados.

Não se trata de você pegar todas as suas reservas financeiras, caso tenha esse recurso, e investir em um negócio para ver no que vai dar. Isso é imprudência. No risco calculado, você pondera: investe a menor parcela possível de sua reserva e organiza-se com muito planejamento e empenho para aumentar as chances de o negócio dar certo. Mas mantém outra parte de suas economias a salvo. Algumas dicas que podem ajudar no planejamento: se possível, no início, tente diminuir ao máximo os custos fixos do negócio; comece com cuidado, usando o que você tem, o mínimo possível de recursos, numa versão mais simples de seu empreendimento para testar, ver se seu negócio tem clientes, entender o público e fazer os ajustes necessários; prepare-se para ficar um tempo sem a renda que espera obter quando a empresa começar a dar certo; e, principalmente, use seus recursos com muito cuidado, se possível buscando parcerias e opções mais em conta.

Resiliência. Essa é uma palavra muito usada no ambiente empreendedor. Você sabe o que significa? O termo foi emprestado de uma característica que certos elementos têm de retornar a sua forma normal depois de passar por uma transformação intensa – é o caso do bambu: quando você puxa, ele enverga, mas não quebra; é só soltar que volta à posição inicial. Transpondo esse conceito para o ambiente de negócios, é a capacidade que a empreendedora tem de resistir aos diversos baques a que está sujeita em sua atividade, a disposição de se reinventar e seguir na batalha para manter o sonho vivo. Eu, por exemplo, tive que ter bastante resiliência durante a minha jornada para fazer a Rede Mulher Empreendedora (RME) acontecer. Não vou mentir. Até que o negócio se firme – o que leva entre 3 e 5 anos – as dificuldades são muitas, você chega a duvidar de que vai dar certo. Nessas horas, quem não é resiliente acaba jogando a toalha.

> NO MUNDO DO EMPREENDEDORISMO O ERRO ACONTECE SIM, E É PEDAGÓGICO. VOCÊ APRENDE MUITO NESSE PROCESSO.

E vou dizer uma coisa: resiliência, nós mulheres temos de sobra. Talvez porque a gente tenha que lidar com uma série de adversidades, com uma sociedade que nos julga o tempo todo, que nos impõe regras, padrões de comportamento, um mundo de tarefas, responsabilidades com a casa, filhos, parentes doentes. Enfim, sobreviver nesse ambiente adverso acaba nos moldando, fortalecendo essa resiliência.

Por tudo isso, minha percepção é que conseguimos absorver melhor os choques, as pancadas da jornada empreendedora e reinventar caminhos para seguir com o negócio.

Capacidade de realização. Falo sempre para as empreendedoras que uma ideia boa não vale nada enquanto estiver apenas na cabeça. Só quando conseguimos executá-la. Conheço mulheres que têm ideias ótimas, mas não conseguem tirá-las do papel. Gastam um tempo enorme planejando, sem colocar a mão na massa, sem sair do lugar. Elas não conseguem evoluir do ciclo do planejamento para o da execução. Não são raras as vezes em que preciso dar alguns chacoalhões (no bom sentido!) em empreendedoras que acompanho por conta disso. Digo: tem que executar o que você pensou, ver como esse empreendimento interage com o mercado, os clientes, a concorrência, e fazer as correções de rota enquanto o carro está andando. Do lado oposto, também vejo outras que têm essa capacidade de realização muito bem definida. Muitas vezes elas pegam uma ideia que, a princípio, a gente nem acredita muito que poderia dar certo e conseguem montar um negócio superbem estruturado e que funciona maravilhosamente.

Constante busca pelo conhecimento. Quantas vezes você acha que eu errei nos meus negócios? Muitas! No mundo do empreendedorismo o erro acontece sim, e é pedagógico. Você aprende muito nesse processo. Mas é preciso ter a disposição de buscar constantemente o aprendizado, o conhecimento. Nos pequenos negócios, em geral, as pessoas não acham isso importante. É muito forte no inconsciente coletivo aquela imagem de negócios familiares feitos a partir das habilidades do dono. Isso cria a falsa ideia de que você não precisa adquirir conhecimentos para empreender. É muito comum ouvir das pessoas: "Eu meto as caras, vou fazendo, não preciso aprender nada antes". E esse é um erro muito sério, porque para um negócio ser bem-sucedido, hoje em dia, é essencial, sim, procurar conhecer e se manter atualizada sobre muitos aspectos. Saber sobre ambiente empreendedor, tecnologia, tendências de mercado, hábitos do público potencial do seu produto ou serviço, entre outros assuntos, aumenta a chance de seu negócio dar certo.

Minha opinião é que todos nós, especialmente quem empreende, temos que ser aprendizes constantes, buscar informações, ler muito. Às vezes dá preguiça fazer isso. Ainda mais nesses tempos de internet, redes sociais, quando as pessoas simplesmente batem o olho na primeira linha e acham que já entenderam o assunto. Pego muito no pé das empreendedoras sobre isso. Precisa de financiamento para seu negócio, ouviu falar sobre investidor anjo e quer arriscar? Então, antes de bater na porta de um, tem que pesquisar, entender como funciona, quais os pontos de atenção. Gosto de dar exemplos inspiradores como o da Luiza Trajano, criadora da rede de varejo Magazine Luiza – sempre falo bastante dela porque, afinal, é uma grande referência de empreendedorismo no Brasil. Mesmo com toda a sua experiência, ela se reinventou para movimentar suas redes sociais, seu Instagram, foi atrás de informações. Há uma pessoa que apoia, mas ela sabe de tudo e cuida diretamente de uma parte. Em meio à pandemia de covid-19, em 2020, ela liderou um projeto da sociedade civil para levar mais vacinas à população. Ela não é da área médica, não é uma especialista, mas foi atrás, aprendeu com as pessoas do meio científico o que era importante uma pessoa leiga saber sobre vacinas. É justamente essa vontade de se reinventar, de buscar conhecimento, que uma empreendedora precisa cultivar.

Aí você pergunta: como arrumar tempo para fazer isso, com tantas coisas para dar conta? Pense que esse é um investimento importante que deve ser incluído na gestão de seu tempo. E quando falo em aprendizado constante não me refiro necessariamente só a cursos formais em escola ou faculdade. Hoje a internet democratizou o conhecimento, ele pode ser acessado no horário mais conveniente pelas pessoas. Só precisa saber procurar, ter as indicações certas. Eu, por exemplo, faço meu roteiro de acordo com minhas áreas de interesse e busco conteúdos sobre recursos humanos, organizações que lidam com empreendedorismo, novidades sobre investimento em pequenos negócios, tendências de comportamento dos consumidores, diversidade, inclusão. Quando entro na internet, direciono meu olhar para esses assuntos que têm

> MINHA OPINIÃO É QUE TODOS NÓS, ESPACIALMENTE QUEM EMPREENDE, TEMOS QUE SER APRENDIZES CONSTANTES, BUSCAR INFORMAÇÕES, LER MUITO.

relação com o universo do meu negócio. E, claro, também procuro me manter atualizada com os jornais e os veículos de comunicação, em geral, sobre o que está acontecendo no país e no mundo, porque isso também pode render conexões importantes para minha atividade. Sobre assuntos econômicos também. Não precisa ser economista, mas saber minimamente em linhas gerais o que está acontecendo nessa área e que pode impactar nos negócios.

> O DINHEIRO NÃO É UM BOM CONSELHEIRO. TODA VEZ QUE ELE ASSUME ESSE PAPEL, DÁ PROBLEMA.

Capacidade de resolver problemas. Nessa questão, acho que nadamos de braçada. No dia a dia, a mulher foi colocada nesse papel de ter que se virar para dar conta de muitas coisas e encontrar soluções. Esse mesmo empenho ela emprega em um negócio próprio. Uma mostra disso são alguns resultados colhidos na pesquisa de 2020 do Instituto Rede Mulher Empreendedora (IRME). O levantamento mostrou que elas foram mais afetadas pela pandemia de covid-19, seus negócios enfrentaram mais dificuldades e foram mais impactados do que os dos homens. Entretanto, elas se mostraram mais assertivas e mais fortes para buscar uma solução, pensar em como inovar, em como se reaproximar dos clientes. Enquanto os homens cortaram gastos e buscaram empréstimos para contornar os problemas, elas investiram em mudanças estratégicas, como a utilização do digital para mais funções, como a divulgação de produtos e serviços (73%) e o atendimento ao cliente (51%).

Não ser movida apenas pelo dinheiro. Claro que quem abre um negócio quer ganhar dinheiro. Afinal, você tem que pagar contas da casa, água, luz, comida etc. Mas essa não deve ser a única motivação. Na pesquisa do IRME de 2021, para 47% das entrevistadas empreender sempre foi um sonho. Também ouço muitas pessoas falarem que empreendem para melhorar o mundo. O já citado Bill Gates quer mudar o mundo. Mas aí você pode falar que, para ele, que ficou trilhardário com a Microsoft, é fácil dizer isso. Mas lembra o que falei antes: o que o moveu a empreender foi o desejo de resolver um problema (melhorar o sistema operacional dos computadores). Afinal, todo bom negócio é aquele que resolve a dor das pessoas, como já falamos no início deste livro – e o dinheiro é consequência.

O dinheiro não é um bom conselheiro. Toda vez que ele assume esse papel, dá problema. Seu conselheiro tem que ser seu cliente. Já ouvi empreendedora dizer: "Não tenho dinheiro para fazer o produto desse jeito, então vou fazer desse outro porque diminui os custos". E a pergunta que não quer calar é: essa adaptação que você fez vai atender a necessidade do cliente? Muitas vezes não. Então, o risco de sua mercadoria encalhar por falta de compradores é grande. Qual deveria ser o caminho? Tentar encontrar uma solução que concilie sua falta de recursos com o atendimento satisfatório do consumidor. Outra coisa que vejo muito são

> EM VEZ DO DINHEIRO, ACREDITO QUE O PROPÓSITO É UM GRANDE CONSELHEIRO PARA A EMPREENDEDORA.

pessoas que resolvem criar um negócio em um determinado nicho só porque aquilo está dando muito dinheiro no momento. Quando o ponto de partida é esse, normalmente a solução é ruim. E, ainda, se o dinheiro demora a aparecer, você perde a motivação.

Coloco aqui novamente o meu exemplo da Rede Mulher Empreendedora porque ilustra perfeitamente essa história de não ter o dinheiro como principal conselheiro. Nos seis primeiros anos de funcionamento, a RME não deu dinheiro nenhum. Se eu fosse ouvir a voz da razão financeira, ela não existiria hoje – porque tinha dias em que eu ia dormir pensando em acordar na manhã seguinte, fechar tudo e procurar emprego. Todo mundo à minha volta falava: "Ana, é uma ideia interessante, mas não dá dinheiro". Entretanto, eu via que estava fazendo um negócio bacana, que tinha impacto na vida das pessoas, as mulheres que eram atendidas falavam maravilhas do que a gente oferecia. Procurava focar na criação de novas soluções para atingir mais empreendedoras, pois acreditava que o dinheiro viria como consequência. Em muitos momentos, eu precisava vender consultoria paralela para colocar recursos no negócio. Ainda assim, nunca tirei o foco das mulheres e das soluções para os problemas que elas enfrentavam para empreender, e começamos a equilibrar o caixa por volta dos 6, 7 anos. Claro que, antes disso, enfrentei momentos de desânimo. Não sou rica, venho de uma família humilde. Quando as coisas davam errado, eu tinha que me virar, diversas vezes fiquei devendo horrores no banco, no cartão de crédito. Mas, mesmo nesses momentos mais difíceis, eu procurava não olhar só para a questão financeira. Pensava no que eu poderia fazer para que a RME continuasse ajudando empreendedoras, para que aquilo continuasse a fazer sentido e, ao mesmo tempo, se sustentasse como um negócio.

> DE CERTA FORMA, O PROPÓSITO ALIMENTA AS OUTRAS ATITUDES EMPREENDEDORAS QUE MENCIONEI AQUI.

Ter um propósito. Essa atitude está ligada à anterior. Em vez do dinheiro, acredito que o propósito é um grande conselheiro para a empreendedora. Muita gente liga essa palavra apenas a intenções altruístas, a pessoas sonhadoras que querem mudar o mundo, que abraçam uma causa social. Mas, na minha cabeça, um negócio também pode ser movido por um propósito. Acredito que qualquer empreendimento é um negócio social, porque ajuda a família da empreendedora, gera emprego, tem impacto na comunidade. Por isso, olhar para esse propósito é fundamental.

Quando converso com as empreendedoras vejo que muitas delas incorporam isso à sua atividade. Por exemplo, se ela vai abrir uma loja para oferecer produtos e serviços ligados ao bem-estar, explica que pensou no ramo porque notou que as pessoas andam muito estressadas e ela gostaria de contribuir para que invistam mais em autocuidado. Muitos dos negócios femininos estão relacionados a fazer algo que ajude outras pessoas a resolver dores. E, claro, esse propósito também está relacionado a questões pessoais, como ter uma aposentadoria tranquila ou poder ver todos os filhos formados. De certa forma, o propósito alimenta as outras atitudes empreendedoras que mencionei aqui. Se você não tem propósito no seu negócio, como é que vai ter resiliência quando alguma coisa der errado? Como vai ter capacidade de realização?

> AS FONTES PARA APRIMORAR ATITUDES EMPREENDEDORAS SÃO MUITAS. LIVROS, CURSOS, MENTORIAS OU ATÉ SE DEDICAR A UM TRABALHO SOCIAL.

A empreendedora Amanda Momente partiu de um propósito claro para colocar de pé o seu negócio, a Wonder Size, uma marca de roupas de ginástica para mulheres gordas. Ela quer normalizar a ideia de que o corpo gordo é bonito, elevar a autoestima dessas mulheres com peças que fazem com que se sintam lindas e seguras para ir à academia e praticar esportes de impacto. E teve a ideia de montar o empreendimento a partir de uma dor pessoal. Em 2014, depois de ter um filho, Amanda engordou e não encontrava roupa de ginástica adequada para o seu corpo. As peças que achava no mercado não ficavam no lugar quando ela começava a se movimentar, o que a deixava constrangida e desconfortável para fazer os exercícios. A saída foi encomendar a uma costureira peças sob medida, seguindo algumas ideias que ela desenhou pensando nas particularidades do corpo gordo.

As pessoas começaram a admirar suas roupas, queriam saber onde comprava. Pesquisando, Amanda viu que não tinha nada parecido nas lojas. E ficou incomodada: por que as mulheres com o seu tipo físico tinham que se contentar com roupas velhas ou inadequadas para ir à academia? Pensou também naquelas que nem tinham coragem de praticar uma atividade, com medo de passar vergonha. Eram leggings que não seguravam a barriga em um exercício aeróbico, tops que deixavam o seio pular para fora, malhas que ficavam transparentes na parte dos quadris. Associou-se a uma amiga, Mariana Oliveira, e resolveu criar a Wonder Size, em 2017, com peças focadas em usabilidade e mobilidade de corpos gordos, tudo testado por ela, no que batizou de "NASA das Gordas". Vendidas por e-commerce, as peças são batizadas com nomes de mulheres que se destacaram, como a legging Joana d'Arc, que homenageia a heroína francesa da Guerra dos 100 Anos. Feita com tecido tecnológico, não enrola no cós, não fica transparente, tem costura resistente e deixa a usuária pronta para qualquer batalha, promete Amanda. Em suas redes sociais, ela é a principal garota-propaganda das roupas de sua marca, demonstrando como elas são confortáveis, lindas e dão liberdade para praticar qualquer atividade física. E ainda incentiva a autoestima de mulheres com o seu shape, protagonizando performances de pole dance em suas redes sociais.

A Amanda reúne várias dessas atitudes empreendedoras de que estamos falando. Se você ainda não desenvolveu essas habilidades, sempre é tempo de correr atrás. E o primeiro passo para fazer isso é o autoconhecimento. Saber quais são suas fraquezas e suas forças. Entendendo isso, você saberá o que precisa desenvolver. Se você é muito boa em planejamento, mas nem tanto na execução, procure algum treinamento que desenvolva essa capacidade. As fontes para aprimorar atitudes empreendedoras são muitas. Livros, cursos, mentorias ou até se dedicar a um trabalho social. Digo isso para executivas de grandes empresas que vêm me procurar, e aconselho a colocar a mão na massa nesses projetos sociais: dobrar caixa, arrumar as coisas, fazer marmita, separar cesta básica. São atividades simples, mas que desenvolvem grandes competências, como saber se colocar no lugar do outro, ter empatia, ver que existem diferentes realidades.

Outra fonte de aprendizados valiosos é sair da área de conforto. Por exemplo, eu era uma usuária básica de tecnologia e não gostava muito desse assunto. Mas aprendi a gostar. Hoje, continuo não entendendo de programação, mas domino os conceitos básicos do mundo digital. Quando você entende o conceito, assimila melhor as coisas em relação à tecnologia. E isso funciona para qualquer outro tema. É saindo da área de conforto que desenvolvemos novas habilidades. Sou formada em Publicidade e Propaganda e em Jornalismo. Quando trabalhava em uma grande corporação, eu meio que fugia de coisas que não estavam relacionadas a minha área de comunicação. Então percebi que as pessoas cresciam mais facilmente na carreira quando se desafiavam a entender inclusive de áreas que elas não dominavam. Minha carreira mudou muito depois que entendi isso, passei a aceitar desafios que não tinham a ver com a minha realidade. E foi muito bacana, o aprendizado foi incrível. Por isso é um conselho que sempre dou: desafie-se em novos territórios!

TEM UM DEPOIMENTO PRA VOCÊ NA PRÓXIMA PÁGINA.

INQUIETAÇÃO
CONHECIMENTO
RESILIÊNCIA
PROPÓSITO

MOMENTO DE VIRAR A CHAVE

"A grande virada de chave de quem parte para o negócio próprio é o momento em que você se reconhece como empreendedor. Você não recebe diploma de empreendedor, vira um na raça, enfrentando os desafios da jornada. No início, eu me via apenas como uma jornalista que montou uma empresa. Depois de anos, quando eu finalmente me assumi empreendedora, meu negócio mudou muito. Reconhecer a mim mesma como empreendedora foi o meu pulo do gato. E o fundamental para isso foi fazer um trabalho de autoconhecimento para detectar as atitudes empreendedoras que já possuía e as que precisava desenvolver. Autoconhecimento leva à autoconfiança: sem se conhecer, você não consegue se posicionar e acreditar nos seus sonhos e planos; pense que o mundo vai dizer um sonoro não muitas vezes, e, nessa hora, acreditar em sua própria capacidade fará toda a diferença. Comecei a estudar isso colaborando com a Rede Mulher Empreendedora, em eventos como a Virada Empreendedora. Para aprofundar os conhecimentos, entrevistei mais de 300 empreendedores e especialistas. Queria descobrir quais habilidades eram importantes para as pessoas conquistarem bons resultados. Assim, formatei a metodologia *O pulo do gato empreendedor*, que utilizo em treinamentos e mentorias. Nele, traço um roteiro das atitudes necessárias para ter sucesso à frente de um negócio próprio e também na vida. Para mim, uma das principais é a resiliência, pois é a atitude que faz com que você continue batalhando diante dos desafios. A capacidade de vislumbrar é outro ponto essencial e significa ter um sonho grande, enxergar aquilo que os outros não veem, conseguir ir além da realidade dada e imaginar o que poderia ser diferente. Mas, claro, de nada adianta imaginar e não concretizar. Por isso, também é fundamental colocar a mão na massa. Muita gente não executa o planejado por acreditar que não está pronta (olha aí a falta de autoconfiança!) ou não tem os recursos disponíveis. Então eu digo: faça agora com os recursos que você tem em mãos, depois vai aperfeiçoando."

Alice Salvo Sosnowski *é jornalista, especialista em empreendedorismo e soft skills, criadora da metodologia "O pulo do gato empreendedor"© e autora do livro* Empreendedorismo para leigos. *Atua como consultora de negócios, mentora de empreendedores, escritora e professora em diversas instituições pelo Brasil.*

12. SOMAR, A MISSÃO DA RME E DO INSTITUTO RME

Já no começo deste livro contei que a Rede Mulher Empreendedora (RME) nasceu não como um negócio, mas como um movimento e um desejo de ajudar outras mulheres que, como eu, estavam empreendendo. O gatilho para essa empreitada foi o curso de gestão de negócios para empreendedoras promovido pela Fundação Goldman Sachs, que no Brasil foi realizado em parceria com a Fundação Getulio Vargas. Fui uma das 35 mulheres selecionadas entre mil candidatas por meio de um processo muito rigoroso. Mas, ao mesmo tempo que estava feliz, sentia um incômodo: por que as outras mulheres não haviam passado? Era um curso gratuito e muito conceituado, com chancela internacional, certamente faria diferença na atuação das empreendedoras – e muitas delas não tinham mesmo condições financeiras de bancar uma formação daquele tipo. Com essa ideia, resolvi compartilhar tudo o que eu estava aprendendo no curso por meio de um blog. Em um ano já havia mais de 100 mil mulheres acompanhando esse conteúdo. Era tanta dúvida, comentários, opiniões, pedidos de conselhos, que precisei trazer algumas amigas para me ajudar.

Esse engajamento era a prova de que eu estava diante de uma necessidade. Com essa grande demanda, o movimento evoluiu para um negócio social. A RME surgiu como a primeira plataforma com o objetivo de compartilhar conteúdos sobre empreendedorismo feminino e divulgar empresas criadas e administradas por mulheres. E elas foram chegando mais e mais, entendendo a proposta, mostrando as necessidades. Queriam um espaço de troca, então criei o Café com Empreendedoras. E assim foram surgindo novas ações e projetos. Em 2017, para ampliar ainda mais o alcance da RME, criamos o Instituto RME, um braço social que tem foco na capacitação e empoderamento de mulheres que vivem em situação de vulnerabilidade. Em pouco mais de uma década, a RME conseguiu impactar a vida de 6 milhões de mulheres e hoje tem em seu ecossistema mais de 1 milhão de participantes, tornando-se a maior rede de apoio à mulher que encara o desafio de investir no empreendedorismo.

Qual o segredo desse sucesso? Muito empenho e a vocação inabalável para ampliar as vozes de tantas empreendedoras em busca de autonomia econômico-financeira. E, claro, muito trabalho sério para assumir um papel relevante e essencial no ecossistema de apoio às mulheres. Foi fundamental ter um olhar inovador para criar modelos metodológicos que efetivamente atendessem aos anseios, dores e necessidades

> **A RME CONSEGUIU IMPACTAR A VIDA DE 6 MILHÕES DE MULHERES E HOJE TEM EM SEU ECOSSISTEMA MAIS DE 1 MILHÃO DE PARTICIPANTES.**

dos mais variados perfis de mulheres dispostas a mostrar que o mundo dos negócios é onde elas querem e merecem estar. Outro ponto importante é o fato de trabalharmos em um modelo de negócio colaborativo. A RME e o Instituto RME têm uma estrutura enxuta, com uma equipe de 30 pessoas. Mas contam com o engajamento de mais de mil voluntárias no país inteiro e até no exterior, que doam tempo, conhecimento e apoio às mulheres nas localidades onde atuam, realizando mentorias, eventos e capacitação.

De onde vêm os recursos para manter as atividades do RME e do Instituto RME de forma sustentável? Um suporte essencial são as doações de empresas e fundações nacionais e, principalmente, internacionais. Um apoio que se deve à forte reputação que a RME construiu nesses anos de atuação, com uma estrutura bem organizada, estabelecendo governança, amparada por um conselho estruturado. Tudo isso é fundamental para conquistar a confiança desses parceiros tão importantes para viabilizar nossos projetos a auxiliar tantas mulheres. E não são poucas as ações e atividades. Para atender os mais diferentes perfis de empreendedoras, a RME e o Instituto RME desenvolveram modelos e metodologias de atuação em alguns pilares, que mostro a seguir:

Capacitação. Apoiada em estudos, a RME criou cursos de capacitação que trabalham a recuperação da autoestima das empreendedoras (*soft skills*) e ensinam a utilizar ferramentas para desenvolvimento e geração de renda (*hard skills*). Já o Instituto RME desenvolve atividades que procuram fomentar o empreendedorismo, a empregabilidade e a inserção de mais mulheres na carreira de tecnologia. São mais de 300 cursos de capacitação. Em 2020, a RME atendeu cerca de 500 mil mulheres em seu conjunto de programas.

> A CONFIANÇA DESSES PARCEIROS TÃO IMPORTANTES PARA VIABILIZAR NOSSOS PROJETOS A AUXILIAR TANTAS MULHERES.

Acompanhamento de negócios.
Um dos principais programas dessa frente é o plantão de mentoria gratuita. Nesse modelo de atendimento, a mulher traz uma dúvida, um dilema que está enfrentando em seu negócio, e as mentoras, com toda a sua bagagem e experiência, orientam e ajudam a encontrar uma solução. Temos também o *RME Acelera*, que procura impulsionar negócios com potencial de crescimento e inclusão de mulheres em startups. E o *RME Digitaliza*, criado para apoiar a digitalização dos negócios impactados pela pandemia de covid-19, iniciada em 2020.

Acesso ao mercado. A RME criou o marketplace/vitrine para incentivar mulheres a comprarem de outras mulheres. A iniciativa conta com as parcerias estratégicas da ONU Mulheres e do Movimento 360 e está ligada ao programa *RME Conecta*, que nasceu com o objetivo de colocar negócios comandados por mulheres em contato com grandes empresas e, com isso, fomentar negociação e fornecimento B2B (sigla para "*Business to Business*", que significa a negociação entre empresas).

Geração de renda. Os projetos deste pilar são executados principalmente pelo Instituto RME, uma vez que procuram atender mulheres em situação de vulnerabilidade social. Um deles é o *Ela Pode*, lançado em parceria com o Google. Até 2021, essa iniciativa capacitou 200 mil mulheres, em mais de 1,5 mil municípios brasileiros. Com o *Elas Prosperam*, parceria com a Visa, a proposta é criar redes locais de apoio ao empreendedorismo feminino. Outra parceria, desta vez com a Fundación MAPFRE, viabilizou o programa *Ela Segura*, com a missão de capacitar 50 mil mulheres de todo o país para o empreendedorismo e a empregabilidade, fornecer auxílio financeiro a mais de 2,5 mil mulheres com vale-alimentação por seis meses e fortalecer 160 negócios com R$ 3 mil. Outro projeto patrocinado pelo Google é o *Potência Feminina*, estruturado para capacitar 50 mil mulheres, com fornecimento de

> A INTENÇÃO É GERAR INFORMAÇÃO DE QUALIDADE QUE INCENTIVE A CRIAÇÃO DE POLÍTICAS PÚBLICAS DE APOIO ÀS MULHERES.

um capital-semente para impulsionar seus negócios e o acompanhamento de mentoria. Durante a pandemia, o programa *Heróis Usam Máscara*, feito em parceria com os bancos Bradesco, Itaú e Santander, gerou renda para 6 mil profissionais de costura. Elas produziram 12 milhões de máscaras que foram doadas a comunidades de todo o país.

Inteligência. Essa frente é desenvolvida pelo Instituto RME, principalmente por meio de pesquisas anuais sobre o ecossistema empreendedor, especialmente o feminino. A intenção é gerar informação de qualidade que incentive a criação de políticas públicas de apoio às mulheres. Além disso, também busca propor pautas para artigos de referência, órgãos e entidades formadores de opinião que possam colocar em evidência o tema do empreendedorismo feminino e potencializar o debate e a reflexão sobre as dificuldades, necessidades e soluções para que mais e mais mulheres avancem com seus negócios.

Conexões e redes de apoio. Tanto a RME quanto o Instituto RME investem também em ações e dinâmicas para promover a interação entre as mulheres. Isso acontece em eventos como o *Fórum RME* e os *Cafés com Empreendedoras*. E também no Grupo Empreendedoras do Facebook, que reúne mais de 100 mil participantes.

Conteúdos qualificados. Em todas as suas plataformas, sites e redes sociais, a RME oferece diariamente conteúdos relevantes direcionados às necessidades das mulheres.

Com todas essas frentes, o RME e o Instituto RME têm feito a diferença na vida de empreendedoras nos quatro cantos do Brasil e impulsionado histórias como a de Gabriela Gomes, moradora de uma fazenda no município de Faina, Goiás. Mãe de 4 filhos, agricultora familiar, ela também vendia roupa de cama, mesa e banho para fortalecer o orçamento doméstico. Conectada nas redes sociais, Gabriela sentiu que seu negócio precisava se modernizar, mas tinha dificuldade de criar os formatos para destacar seus produtos no Instagram. Não se conformou, foi atrás e conseguiu aprender a fazer artes para divulgar sua loja de enxovais e, de quebra, ajudar outros conhecidos que tinham o mesmo problema.

Nesse ponto, seu caminho se cruzou com o da RME. Ao participar de duas edições do *RME Digitaliza*, ela descobriu no evento que poderia ganhar dinheiro com sua nova habilidade e decidiu investir na carreira de designer. E foi dando os primeiros passos. Quando via um post no Instagram não muito legal, ela se oferecia para fazer algo melhor para o dono da página, sem cobrar nada, só para ir aperfeiçoando seu trabalho. Com isso ia alimentando a própria página do Instagram, a vitrine de seu novo ramo de atuação, onde divulga o serviço que oferece, que envolve a criação de templates, artes de divulgação e cartões digitais, entre outras coisas. Acompanhando o Instagram da RME, também ficou sabendo do programa *RME Digitaliza*, inscreveu-se para participar e foi uma das duas vencedoras do prêmio *Digitalize seu Negócio*. Com o prêmio, um notebook, ela planeja ampliar ainda mais a sua atuação no meio digital. É para multiplicar histórias como essas que a RME e o Instituto RME não medem esforços.

TEM UM DEPOIMENTO PRA VOCÊ NA PRÓXIMA PÁGINA.

COM APOIO, ELAS VÃO LONGE

"Participar do *RME Digitaliza!* foi um grande aprendizado. Falaram sobre coisas que eu tinha muita dificuldade, como separar as finanças pessoais e do meu negócio, precificação, fluxo de caixa. Até a parte de autoconhecimento foi muito importante porque muitas vezes enxergamos potencial nas outras pessoas, mas não em nós mesmos. Com todas as dicas que recebi, descobri que eu posso fazer muito mais do que eu pensava conseguir. É assim que me vejo agora: um destaque nesse ramo em minha região."

Gabriela Gomes, da @designcomgaby, uma das ganhadoras da segunda edição do *RME Digitaliza*.

"O *Ela Pode* foi o divisor de águas em minha vida. Iniciei um negócio próprio em meio à pandemia em junho de 2020, e por meio das oficinas online do *Ela Pode* consegui me desenvolver nesse novo ramo empreendedor. Hoje já tenho minha marca, estou fazendo um curso profissionalizante para me aprimorar, e dia após dia consigo perceber o meu crescimento. Estou me sentindo uma mulher mais forte e orgulhosa do que venho construindo."

Amanda Bezerra, *Jaboatão dos Guararapes, Pernambuco.*

"Com o *Ela Pode*, ampliei meus conhecimentos sobre redes sociais e aprendi a usar esse recurso para vender meus atendimentos. Eu me senti capaz de vender sem ter vergonha e a usar as redes sociais sem medo. Foi uma ótima experiência. Depois do curso minha renda triplicou, em meio à pandemia, quando, em muitos momentos, a única renda em casa era a minha. Hoje, eu até apoio o negócio do meu marido repassando a ele alguns aprendizados que tive no curso. Até as vendas dele estão melhorando! Sou muito grata pela nova visão que o *Ela Pode* me deu."

Debora Ribeiro, *Belo Horizonte, Minas Gerais.*

"Depois que conheci o *Ela Pode*, mudei tudo na minha loja e na minha vida. Aprendi sobre e-commerce, gestão financeira, a trabalhar em marketplace, redes sociais, redes de relacionamento. E a vender melhor pessoalmente e pela internet. Valorizei mais meu artesanato, já faço reserva, invisto. Estamos começando a aumentar a loja e tenho uma funcionária. Não posso parar de colocar em prática o que aprendi e quero aprender ainda mais."

Marilane Moura Coutinho, *Manaus, Amazonas.*

"Conheci o *Ela Pode* em um momento muito difícil da minha vida. Tinha perdido minha mãe, meu emprego e havia me separado. Estava perdida, sem saber o que fazer. Então, minha filha me inscreveu na capacitação no Compaz Eduardo Campos, em Recife. Através das palestras e depoimento das participantes, consegui encontrar uma maneira de ter uma renda vendendo temperos naturais e ervas para chás. Sou muito grata por este grupo."

Ana Maria Wanderley, *Recife, Pernambuco.*

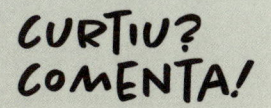

CURTIU? COMENTA!

CONCLUSÃO.

JÁ AVANÇAMOS MUITO – E QUEREMOS MAIS

Nos capítulos anteriores procurei mostrar as lutas, as conquistas, os caminhos que o empreendedorismo feminino vem trilhando para ganhar visibilidade como a grande força que é. Com muita paixão, pois é uma causa à qual me dedico de corpo e alma há muitos anos, quando tudo era "mato alto" ainda nesse território e a gente tinha que abrir caminhos com facão. Mas também com dados da realidade, com depoimentos de empreendedoras potentes que mostram que é possível.

Acredito que consegui apresentar o potencial de crescimento e inovação dos negócios liderados por mulheres, todo o valor e importância da participação feminina nesse território. E como, vale sempre repetir, a mulher empreendedora tem um impacto social marcante e é imprescindível para o crescimento de um país. Como você viu nos capítulos anteriores, quando ela dá certo no negócio, beneficia todo o entorno. Não pensa só nela, mas no bem-estar da família, em melhorar a saúde dos seus, na educação dos filhos. Quando seu empreendimento prospera e começa a contratar, oferece emprego para outras mulheres, para familiares. Convivendo com essas empreendedoras, aprendi coisas muito importantes: que em geral mulher é colaborativa, tem uma visão humana dos negócios, pensa o tempo inteiro nas outras pessoas, cria coisas maravilhosas.

Se já fazemos tudo isso agora, imagine quando vencermos os grandes obstáculos que ainda retardam nosso avanço! Ainda precisamos batalhar por um ambiente melhor para a mulher que empreende. Temos que garantir uma maior participação feminina nos espaços de poder, onde geralmente são os homens que tomam decisões que nos afetam diretamente. Temos que derrubar de vez os estereótipos que nos compartimentalizam em determinados setores profissionais, justamente os menos valorizados, e marcar terreno nas áreas de maior retorno financeiro, maiores salários (lembra das carreiras de STEM?). E, sobretudo, precisamos garantir um ambiente mais seguro para as mulheres, derrubar as tristes estatísticas de violência e feminicídio.

Sei que só conseguiremos vencer essas batalhas movimentando políticas públicas, em todos os âmbitos, não só na questão do empreendedorismo. Embora seja um tema polêmico, defendo a política afirmativa das cotas, por exemplo. Nós, mulheres, somos mais da metade da população, mas estamos sub-representadas em ambientes de poder. A segunda edição do estudo *Estatísticas de gênero: indicadores sociais das mulheres no Brasil*, do Instituto Brasileiro de Geografia e Estatística (IBGE), mostra a dimensão dessa sub-representação: em 2020, as mulheres eram apenas 14,8% dos deputados e 16% dos vereadores. Ou seja, no Legislativo, onde são aprovadas muitas leis que afetam diretamente a vida das mulheres, quem tem maioria para decidir são os homens. Estamos em minoria também no Executivo e no Judiciário. A situação também não é melhor na esfera privada, pois, como já vimos em capítulos anteriores, também estamos longe da paridade nos cargos de liderança das empresas.

As cotas são necessárias para acelerarmos o processo da equidade de gênero. Estudos mostram que, no ritmo em que vamos, só atingiremos a paridade em 200 anos! Entendo as cotas como uma política afirmativa e um processo transitório para corrigir desigualdades. Não devem durar para sempre, mas o tempo necessário para atingirmos a equidade em ambientes de poder na política, em conselhos de organizações, no Judiciário, entre outros. Essa política já é aplicada na área de educação, para incluir estudantes que antes estavam à margem, e começa a mostrar resultados. Em 2021, por exemplo, a Universidade de São Paulo (USP), uma das mais disputadas e renomadas do Brasil, anunciou que, pela primeira vez, a maioria dos alunos ingressantes e seus cursos (51,7%) vinha de escolas públicas.

Mas precisamos de cotas sérias e que sejam seguidas. De acordo com a legislação eleitoral brasileira, os partidos devem destinar 30% das vagas de candidatos ao Legislativo às mulheres. Mas, na prática, isso dá pouco resultado. Os partidos inscrevem o percentual de candidatas previsto apenas para cumprir a lei, mas não dão o menor apoio financeiro para que essas candidaturas vinguem. Não são poucas as denúncias de que muitos dos nomes femininos que alguns inscrevem não passam de candidatas laranja.

No terreno do combate à violência doméstica também precisamos avançar com políticas públicas. Temos a Lei Maria da Penha, que é fundamental e uma das mais avançadas do mundo. Mas sua aplicabilidade prevê toda uma estrutura na rede de apoio à mulher em situação de violência que ainda não temos. Precisamos de serviços mais bem preparados para acolher a vítima de agressão em todos os níveis, desde o atendimento policial, passando pelo da saúde até os operadores de direito. Todos esses atores precisam trabalhar juntos – e com um olhar de acolhimento, não de censura ou acusação para a mulher que sofre violência. Mas, em vez de avançarmos, o que notamos é uma série de retrocessos em muitas das conquistas nessa área.

Acredito que o combate à violência de gênero precisa ir além. Temos que ter políticas públicas de educação de gênero, que prepare meninos e meninas para se respeitarem mutuamente e para a não violência desde cedo. As dificuldades são muitas para aprovar uma lei de educação nesse terreno, porque o tema já foi bastante politizado por grupos que confundem gênero com sexualidade. Além disso, temos um Legislativo dominado por bancadas conservadoras, que não têm interesse em aprovar uma política pública sobre essa questão. Porque é esse o caminho, só assim vira uma política de Estado e não de governo, que pode mudar quando troca o comando.

Ainda no terreno da educação, também defendo políticas públicas para ampliar o acesso das mulheres às carreiras da área de STEM (a sigla em inglês para Ciência, Tecnologia, Engenharia e Matemática). Precisamos de políticas que incentivem as universidades a criarem modelos afirmativos para incluir mais meninas nos cursos de *hard science*, dominados pelos meninos.

Pude comprovar em todos esses anos, em contato com empreendedoras, que, quando a mulher é apoiada em seus negócios, ocorrem mudanças extraordinárias de realidade – e não só na vida daquelas mais vulneráveis. Por isso, vale a pena continuar lutando para que essa potência feminina desabroche cada vez mais, e inunde o nosso mundo. Você certamente é parte dela.

— PÁGINA 201

REFERENCIAIS BIBLIOGRÁFICOS

ANDRADE, Jenne. Mulher e dinheiro podem viver felizes para sempre, sabia?. *Estadão*. 2 dez. 2020. Disponível em: https://einvestidor.estadao.com.br/educacaofinanceira/mulheres-dinheiro-fobia-financeira.

COLOCANDO a igualdade de gênero no núcleo do G20. *RME*. 6 fev. 2020. Disponível em: https://rme.net.br/2018/02/06/colocando-igualdade-de-genero-nonucleo-g20/.

FONTES, Ana; CRUZ, Rosely. *Empreendedoras por natureza*. São Paulo: Inbook, 2017.

FONTES, Ana; SÁ, Junia Nogueira de. W20: uma missão global para a igualdade de gênero. *RME*. 8 out. 2020. Disponível em: https://rme.net.br/2018/10/08/w20-missao-igualdade-genero/.

GIMENEZ, F. A .P.; FERREIRA, J. M.; RAMOS, S. C. Empreendedorismo feminino no Brasil: gênese e formação de um campo de pesquisa. *Revista de Empreendedorismo e Gestão de Pequenas Empresas*, v. 6, n. 1, p. 40-74, jan./abr. 2017.

GME. Global Entrepreneurship Monitor 2018/2019. *Women's Entrepreneurship Report*. Disponível em: https://www.gemconsortium.org/report/gem-20182019-womens-entrepreneurship-report.

GONZALEZ, Amelia. Mulheres fazem 75% de todo o trabalho de cuidados não remunerado do mundo. *G1*. 20 jan. 2020. Disponível em: https://g1.globo.com/natureza/blog/amelia-gonzalez/post/2020/01/20/mulheres-fazem-75percent-de-todo-otrabalho-de-cuidados-nao-remunerado-do-mundo.ghtml.

GUEDES, Mylena. Mulheres ganham 77,7% do salário dos homens no Brasil, diz IBGE. *CNN Brasil*. 4 mar. 2021. Disponível em: https://www.cnnbrasil.com.br/business/mulheres-ganham-77-7-dos-salarios-dos-homens-no-brasil-diz-ibge/.

IBGE. *Estatísticas de gênero*: indicadores sociais das mulheres no Brasil. Disponível em: https://www.ibge.gov.br/estatisticas/multidominio/genero/20163-estatisticas-de-genero-indicadores-sociais-das-mulheres-no-brasil.html?=&t=o-que-e

LAFRATTA, Camila. Dinheiro não é coisa de mulher?. *Blog Nubank*. 26 nov. 2021. Disponível em: https://blog.nubank.com.br/dinheiro-coisa-de-mulher/.

MACHADO, Cecília. Mulheres perdem trabalho após terem filho. *Portal FGV*. Disponível em: https://portal.fgv.br/think-tank/mulheres-perdem-trabalho-aposterem-filhos.

MACHADO, Hilka Vier; ST-CYR, Louise; MIONE, A.; ALVES, Marcia Cristina Moita. O processo de criação de empresas por mulheres. *RAE eléctron,* 2 (2), dez. 2003. Disponível em: https://www.scielo.br/j/raeel/a/VTYfdZ9q5CXCcwyqszqtS6M/?lang=pt.

MARTES, A. C. B. Weber e Schumpeter: a ação econômica do empreendedor. *Brazil. J. Polit. Econ. 30* (2), Jun. 2010. Disponível em: https://www.scielo.br/j/rep/a/J34vkgf9BK7BSN4WgYYvspK/?lang=pt#.

OLIVEIRA, F. D. S. *Liderança e gênero*: estilos, estereótipos e percepções masculinas e femininas. 2015. Dissertação (Pós-Graduação em Administração) – Universidade Federal de Pernambuco, Recife, 2015. Disponível em: https://repositorio.ufpe.br/bitstream/123456789/15653/1/DISSERTA%c3%87%c3%83O%20%282015-02-26%29%20-%20FL%c3%81VIA%20DANIELLE%20SANTOS%20OLIVEIRA.pdf.

ORSER, B.; ELLIOTT, C. The feminist entrepreneur: how women's unique experiences are shaping their approaches to venture creation. *Stanford University Press Blog*. 28 abr. 2015. Disponível em: https://stanfordpress.typepad.com/blog/2015/04/the-feminist-entrepreneur.html.

PASSOS, L.; GUEDES, D. R. Participação feminina no mercado de trabalho e a crise de cuidados da modernidade: conexões diversas. Disponível em: http://repositorio.ipea.gov.br/bitstream/11058/8502/1/ppp_n50_participa%C3%A7%C3%A3o.pdf .

PEREIRA, Vinicius Riechi. Empreendedorismo no Brasil – GEM 2019. *Empreender 360*. 22 jul. 2020. Disponível em: https://empreender360.org.br/empreendedorismo-no-brasil-gem-2019/.

PHELIPE, André; BARBOSA, Marina. Mulheres são responsáveis pela renda familiar em quase metade das casas. *Correio Braziliense*. 16 fev. 2020. Disponível em: https://www.correiobraziliense.com.br/app/noticia/economia/2020/02/16/internas_economia,828387/mulheres-sao-responsaveis-pela-renda-familiar-em-quase-metade-das-casa.shtml.

RME/IRME. *Pesquisa anual Empreendedorismo Feminino 2020*.

RME/IRME. *Pesquisa anual Empreendedorismo Feminino 2021*.

RUPP, Isadora. Dinheiro é com elas: quem são as mulheres que ensinam a lidar com finanças. *Gazeta do Povo*. 15 fev. 2020. Disponível em: https://www.gazetadopovo.com.br/economia/dinheiro-e-com-elas-quem-sao-as-mulheres-que-ensinam-a-lidar-com-financas/.

SEBRAE. *Empreendedorismo feminino como tendência de negócios*. 2019. Disponível em: https://www.sebrae.com.br/Sebrae/Portal%20Sebrae/UFs/BA/Anexos/Empreendedorismo_feminino_como_tend%C3%AAncia_de_neg%C3%B3cios.pdf.

SEBRAE/FGV. O impacto da pandemia de coronavírus nos pequenos negócios. *Resumo Setorial – 11ª edição*. 12 jul. 2021. Disponível em: https://bibliotecas.sebrae.com.br/chronus/ARQUIVOS_CHRONUS/bds/bds.nsf/2b9b3410eef5557bc074131c75748d08/$File/30736.pdf.

SOARES, S.; IZAKI, R. S. *Texto para discussão n. 923* – A participação feminina no mercado de trabalho. Rio de Janeiro: Ipea, dez. 2002. Disponível em: https://www.ipea.gov.br/portal/index.php?option=com_content&view=article&id=4156 .

SOUZA FILHO, Lúcio de. Schumpeter: desenvolvimento por meio da inovação. *VIA*. 20 jul. 2019. Disponível em: https://via.ufsc.br/schumpeter-inovacao/.

TOTAL de empresas optantes no SIMEI, da Unidade Federativa SP, por código CNAE, descrição CNAE e sexo. Disponível em: http://www22.receita.fazenda.gov.br/inscricaomei/private/pages/relatorios/relatorioMunicipioCnaeSexo.jsf.

TRABALHO não remunerado realizado por mulheres representa US$ 10,8 tri por ano no mundo. *ANDES – Sindicato Nacional dos Docentes das Instituições de Ensino Superior*. 24 jan. 2020. Disponível em: https://www.andes.org.br/conteudos/noticia/trabalho-nao-remuneradorealizado-por-mulheres-representa-uS-10-8-tri-por-ano-nomundo1.

Este livro foi composto pelas fontes Macho e
Chantal e e impresso em fevereiro de 2022 pela
Edições Loyola.
O papel de miolo é o Pólen Soft 80g (miolo) e
Cartão Supremo 250g (capa).